À PROCURA DE DEUS

1942
Compilado pelo Grupo de Estudos nº 1 do
A.R.E. (Association for Research and Enlightenment, Inc.)
Virginia Beach, Virginia.

The Edgar Cayce Foundation

À PROCURA DE DEUS

Tradução
ZILDA HUTCHINSON SCHILD SILVA

EDITORA PENSAMENTO
São Paulo

Título do original:
A Search for God

Livro I: Copyright © 1942, 1970 by The Edgar Cayce Foundation.
Livro II: Copyright © 1950, 1978 by The Edgar Cayce Foundation.
Publicado mediante acordo com a A.R.E. Press,
Virginia Beach, VA.

Edição
1-2-3-4-5-6-7-8-9

Ano
97-98-99-00

Direitos de tradução para a língua portuguesa
adquiridos com exclusividade pela
EDITORA PENSAMENTO LTDA.
Rua Dr. Mário Vicente, 374 – 04270-000 – São Paulo, SP – 272-1399
que se reserva a propriedade literária desta tradução.

Impresso em nossas oficinas gráficas.

SUMÁRIO

LIVRO I 7
Prefácio 9
Meditação 15
Cooperação: *Lição I* 29
Conhece-Te a Ti Mesmo: *Lição II* 35
Qual é o Meu Ideal?: *Lição III* 43
A Fé: *Lição IV* 48
Virtude e Entendimento: *Lição V* 55
Comunhão: *Lição VI* 62
Paciência: *Lição VII* 72
A Porta Aberta: *Lição VIII* 79
Na Presença Dele: *Lição IX* 87
A Cruz e a Coroa: *Lição X* 95
O Senhor Teu Deus é Um: *Lição XI* 106
O Amor: *Lição XII* 114

LIVRO II 123
Prefácio 125
Oportunidade: *Lição I* 127
Dia e Noite: *Lição II* 137
Deus, O Pai, e Suas Manifestações na Terra: *Lição III* 145
O Desejo: *Lição IV* 154
O Destino da Mente: *Lição V* 162
O Destino do Corpo: *Lição VI* 170
O Destino da Alma: *Lição VII* 179
Glória: *Lição VIII* 186
O Conhecimento: *Lição IX* 192
A Sabedoria: *Lição X* 200
Felicidade: *Lição XI* 206
Espírito: *Lição XII* 212
Bibliografia Recomendada 220

LIVRO I

Esta edição de
À Procura de Deus, Livro I,
é dedicada a Elsie Sechrist,
que promoveu toda a sua vida a este trabalho.

PREFÁCIO

Tente seguir os preceitos deste livro.

Você encontrará aqui uma rara compilação de informações que trata das leis espirituais da vida cotidiana. Por que a qualificamos de rara?

O manuscrito é o resultado do estudo e do trabalho do Study Group nº 1 da Association for Research and Enlightenment Incorporated, em Virginia Beach, na Virginia. Foi escrito por várias pessoas, e não por uma só.

As afirmações e textos básicos de cada capítulo provêm das leituras de Edgar Cayce. Em leituras subseqüentes, ele respondeu às perguntas feitas por um grupo de doze pessoas e explicou experiências tidas durante a meditação.

Para essas pessoas, elas trouxeram esperança, paz, uma melhor compreensão dos semelhantes e uma alegria interior resultante de uma maior percepção da sintonia com o Criador.

Aqui não há nada de novo. A procura de Deus é tão antiga quanto o homem. Este livro é publicado na esperança de que, por meio dele, nos tempos de provação que estão por vir, muitos corações possam perceber um raio de luz; e que outros possam despertar para a esperança e a visão de um mundo melhor por meio da aplicação das leis de Deus na vida diária.

MEDITAÇÃO

"Aquietai-vos e sabei que Eu sou Deus."
Salmos 46, 10

MEDITAÇÃO

I. Introdução
II. Oração e meditação
   1. Definição e exemplos de oração
   2. Definição de meditação
   3. A oração responderá pela meditação?

III. Preparação para a meditação
   A. *O corpo físico*
      1. Conhecimento, limpeza e consagração do corpo físico
      2. Um estudo das glândulas
      3. Um estudo das vibrações
   B. *O corpo mental*
      1. A purificação do eu
      2. A sintonia do eu com o todo
   C. *O corpo espiritual*
      1. A alma
      2. O ideal

IV. As forças
V. Métodos de meditação
VI. Conclusão

Oração

Pai nosso, que estás no CÉU,
 Santificado seja o Teu NOME.
Venha o teu reino. Seja feita a Tua VONTADE,
 Assim na Terra como no céu.
O PÃO nosso de cada dia nos dá hoje,
E perdoa-nos as nossas DÍVIDAS, assim como nós
 Perdoamos aos nossos devedores.
E não nos induzas à TENTAÇÃO,
 Mas livra-nos do MAL.
Pois Teu é o REINO, e o PODER,
 e a GLÓRIA, para sempre. Amém.

Mateus 6, 9-13

MEDITAÇÃO

I. Introdução

Neste mundo material, temos consciência do fenômeno do crescimento. Devemos estar igualmente conscientes do progresso espiritual que inclui, por um lado, um entendimento maior da relação entre o Criador e nós mesmos e, por outro, a melhora daquelas capacidades que nos permitem levar uma vida mais útil. Colocou-se uma ênfase exagerada na necessidade de fugir da existência física. O indivíduo comum passou a ver as coisas espirituais como algo inatingível e etérico, fora da vida normal.

A questão eterna que perpassa toda a vida é a seguinte: O que é de fato valioso no pensamento, na atividade e nas experiências? Só podemos chegar a uma avaliação estável do que vale a pena a partir do íntimo. Esta apreciação ou realização interior se baseia fundamentalmente na compreensão do eu — da personalidade em relação com os outros e com Deus. A meditação é o meio para alcançar este fim.

II. Oração e meditação

1. Definição e exemplos de oração.

Algumas pessoas não pensam muito na oração ou na meditação. Satisfazem-se em vagar com a corrente, esperando que de algum modo ou em algum lugar as condições lhes sejam favoráveis. Outros buscam um caminho melhor, procurando aquela luz que renova a esperança, aumenta a compreensão do que nos ocorre na vida e justifica o estilo de vida que está sendo almejado.

A oração consiste no esforço coerente de fazer com que a consciência física entre em sintonia com a Consciência do Criador. Trata-se de harmonizar a mente consciente com as forças espirituais que se manifestam no mundo material. Pode resultar da cooperação de muitas pessoas que se reúnem com um único propósito.

Para certas pessoas, orar é extravasar a personalidade de forma que seja vista, no intuito de exibir-se diante dos homens. Para outras, significa entrar no santuário do eu interior e manifestar o ego de tal modo que o ser interior possa ser preenchido com o Espírito do Pai. Estas atitudes divergentes são ilustradas no exemplo dado por Cristo.

"Dois homens subiram ao templo para orar; um, fariseu, e o outro, publicano. O fariseu, estando em pé, orava consigo desta maneira: 'Ó Deus, graças Te dou porque não sou como os demais homens, ladrões, injustos e adúlteros; nem ainda como este publicano. Jejuo duas vezes na semana, e dou os dízimos de tudo quanto possuo.' O publicano, porém, estando em pé, de longe, nem ainda queria levantar os olhos ao céu, mas batia no peito, dizendo: 'Ó Deus, tem misericórdia de mim, pecador!' Digo-vos [disse Jesus] que este desceu justificado para sua casa, mas não aquele."

Lucas 18, 10-14

2. Definição de meditação.

Meditar é esvaziar-se de tudo o que impede que a Força Criativa suba ao longo dos canais naturais do corpo físico para ser disseminada por todos os centros espirituais sensitivos desse mesmo corpo. Quando praticamos a meditação de forma apropriada, tornamo-nos física e mentalmente mais fortes. "Ele viveu por muitos dias com força daquela refeição." (281-13)

Meditar não significa ficar devaneando, mas fazer com que os corpos mental e físico entrem em sintonia com a sua fonte espiritual. É fazer com que as qualidades mentais e espirituais expressem o seu relacionamento com o Criador. Esta é a verdadeira meditação.

Meditação é oração que vem do eu interior, é um ato não só do homem físico interno, mas também da alma elevada pelo espírito a partir do íntimo. Na oração, falamos com Deus; na meditação, Deus fala conosco.

3. A oração responderá pela meditação?

O fato de fazer uma pergunta traz consigo a resposta? Não, mas mostra que queremos saber e, portanto, tem seus méritos. O mesmo acontece quando oramos. Mostramos ao Pai celestial que estamos ansiosos por Sua orientação e ajuda, pela manifestação de Suas promessas em nossa vida. Para sermos capazes de ouvir a pequena voz interior em nosso íntimo e saber que está tudo bem, é necessário adotar uma atitude de espera, de silêncio e de atenção. Portanto, a oração é a base da meditação.

Só no silêncio podemos conhecer a Deus, e quando o conhecemos estamos dispostos a dizer com intenção: "Seja feita a Tua vontade." É nesse momento que Ele comunga conosco.

Na oração pedimos pela purificação; antes da verdadeira meditação, temos de limpar o corpo e a mente para ficar aptos a encontrar nosso Senhor. Uma coisa complementa a outra.

III. Preparação para a meditação

A. *O corpo físico*

1. Conhecimento, limpeza e consagração do corpo físico.

Somos miniaturas do universo, possuindo corpos físico, mental e espiritual. Estes corpos estão tão intimamente entrelaçados que as impressões de um exercem efeitos sobre os outros dois. O corpo físico é um conglomerado da força criativa que se manifesta no mundo material. É tão abrangente que não existe nada no universo que o homem possa compreender que não tenha uma réplica em miniatura dentro dele. Não é só privilégio nosso, mas também nosso dever conhecer a nós mesmos e ter consciência de que o nosso corpo é o templo do Deus vivo.

As pessoas sempre souberam que é preciso preparar-se para fazer a meditação profunda. Para alguns, é necessário que o corpo seja limpo com água pura, que certos alimentos ou relacionamentos (com homens e mulheres) sejam evitados e que certos tipos de respiração sejam praticados para que haja equilíbrio em todo o sistema respiratório. Isso cria um fluxo normal de circulação através do corpo. Outras pessoas sentem que aromas, invocações, sons ou músicas são decisivos para criar as melhores condições de meditação. À medida que a corrente de energia se eleva passando pelos centros do corpo, essas influências externas podem ajudar a limpar os pensamentos e a aquietar a mente e o corpo. Os ditos selvagens estimulam dentro de si as paixões ou a sede de destruição por meio do grito de batalha ou do uso de certos zumbidos ou sons. Esta é a mesma força, usada de forma negativa. (Ver 440-12, A-21; 281-13.)

Eis um exemplo: Antes de entrar numa central de energia elétrica para trabalhar, o engenheiro tem de tirar certo tipo de roupa e vestir outro. A mente dele tem de estar repleta de conhecimento e ele tem de entender totalmente o mecanismo com o qual vai lidar; do contrário, provocará morte e destruição. Muito mais limpeza e entendimento são necessários quando buscamos fazer com que o corpo entre em sintonia com a fonte de toda energia. Ele prometeu nos encontrar dentro do nosso próprio santuário. Aquele que entrar nele sem merecimento provocará a própria destruição.

Embora o método talvez não seja o mesmo para todas as pessoas, se quisermos meditar teremos de nos distanciar das preocupações do mundo e purificar fisicamente o corpo. "Consagrai-vos neste dia", diz a lei, "para que possa amanhã vos apresentar diante do Senhor e Ele possa falar através de *vós!*" (281-13) como um pai fala com seus filhos. Será que nos distanciamos tanto que não ousamos esperar pela presença Dele? Não lembramos que Ele prometeu: "Se fordes meus filhos, Eu serei o vosso Deus" e "Mesmo que vos afastais muito, se me chamardes Eu ouvirei?" (281-41)

É preciso descobrir qual é o melhor meio que a consciência pode usar para purificar a mente e o corpo antes de entrar em meditação. Ao criar a imagem daquilo através do qual buscamos conhecer a vontade da Força Criativa, a verdadeira criação ocorre dentro de nós.

Depois de descobrir um modo de limpar o corpo para que aquilo que deve ser criado atinja sua expressão total dentro de nós, compreendemos prontamente como disseminar curas de todo tipo através do pensamento.

Quando nos tivermos purificado do modo mais apropriado para nós, não teremos medo de que nossas experiências sejam tão fortes que possam provocar qualquer distúrbio físico ou mental. É quando não existe limpeza que esse estado de meditação traz desastres, dores ou doenças.

2. Um estudo das glândulas.

Quando aquietamos o corpo físico, voltando a mente para o ideal mais elevado, ocorrem verdadeiras vibrações físicas em virtude da ação da influência espiritual sobre os centros vibratórios sensitivos do corpo, estimulando os pontos de contato entre a alma e a sua concha física. Examinemos esta atividade.

Quando entramos em sintonia com o Infinito, as glândulas reprodutivas podem ser comparadas com um motor que aumenta a força espiritual do corpo. Esta força espiritual entra pelo centro das glândulas Leydig (localizadas no sistema reprodutor). Este centro é como uma porta que fica fechada ou aberta conforme o uso que lhe damos por meio das atividades espirituais. Com o aparecimento da imagem ou ideal, essa força vital passa ao longo do que se conhece como Via Ápia ou Cordão de Prata, chegando ao centro pineal no cérebro, de onde pode ser enviada para aqueles centros que ativam todo o ser físico e mental. Em seguida, passa para o olho oculto no meio do sistema cerebral (pituitária), que fica exatamente no centro da fronte. Portanto, quando entramos em meditação, um impulso sobe das glândulas reprodutivas, passa através da glândula pineal e chega à pituitária. Seja qual for o ideal de um indivíduo, ele é impulsionado para cima e se expressa na atividade das forças da imaginação. Se este ideal for de natureza material, cria-se no corpo um amor cada vez maior pelas coisas terrenas e uma tendência cada vez maior para elas. Se este ideal ou imagem for de natureza espiritual ocorre o desenvolvimento espiritual. As forças psíquicas são apenas um despertar dessas faculdades anímicas através das atividades destes centros. Se fizermos um estudo anatômico ou patológico durante um período de sete anos (tempo do ciclo de mudança de todos os elementos do corpo) de um indivíduo que age apenas através da glândula pituitária, descobriremos que essa pessoa, quando formada nas leis espirituais, se tornará uma luz para o mundo. Se formada somente em coisas materiais, se tornará um Frankenstein (um monstro) que não concebe nenhuma outra influência a não ser a material ou mental. (Ver 262-20.)

Durante a subida da corrente energética pelo cordão de prata e pelos centros energéticos, o corpo pode perceber certas vibrações. Há três movimentos principais que correspondem ao conceito tridimensional da mente consciente: para trás e para a frente, para os lados, e os movimentos circulares. Essas sensações podem ser muito reais. Elas podem provocar no corpo uma vibração ou movimento aparente que é, na verdade, um mero movimento dentro do corpo, sem efeitos externos. Outra sensação muito comum é a da corrente ou vibração subindo pela espinha ou pelo corpo a partir dos pés, ou em sentido contrário. Estas também podem ser acompanhadas ou seguidas por uma sensação de leveza ou uma ligeira tontura. Devemos assinalar aqui que as reações podem ser diferentes de indivíduo para indivíduo, visto que as vibrações corporais ativadas pelo pensamento espiritual são diferentes. Importante é destacar que ocorre uma reação física definida nos centros sensíveis.

3. Um estudo das vibrações.

Antes de nos aprofundarmos na discussão da meditação, é conveniente delinear certos princípios elementares da vibração que nos permitirão entender melhor muitos dos termos usados e algumas das experiências que podemos ter. A ciência nos ensina que toda matéria está em movimento e que a diferença nas várias formas de matéria se deve à diferença das velocidades de vibração. Por exemplo, sabemos que ao aumentar a atividade molecular da água por aquecimento, podemos criar outra forma de matéria chamada vapor: ou seja, as partículas materiais do vapor vibram (se movem) numa velocidade maior do que a das partículas de água. Ora, o corpo é feito de partículas de matéria, como os alimentos, o ar, etc. As várias partes do corpo são compostas de diferentes tipos de matéria, vibrando em diferentes graus de velocidade. O sistema nervoso, por exemplo, é altamente sensível. Os ossos são de estrutura mais densa do que o sangue, os tecidos musculares são mais densos do que as membranas e assim por diante. A combinação das vibrações de todas essas partes do corpo forma uma média geral de vibração para o corpo, a qual muda constantemente. As doenças provocam vibrações discordantes. Quanto mais alta a média de vibração, tanto mais sensível o corpo fica às influências de todo tipo.

À medida que nos aprofundamos no estudo e na prática da meditação, vamos ganhando consciência dessas várias vibrações no corpo e na mente. Quando tentamos fazer uma meditação profunda, as forças espirituais dentro e fora do corpo-mente são primeiramente limitadas pelos cinco sentidos de percepção, pois é através deles que podemos reconhecer todas as manifestações neste plano. Mesmo quando aprendemos a deixar o plano físico inteiramente de lado e exploramos reinos mais amplos, os conceitos que aprendemos têm de ser revestidos das três dimensões para serem conscientemente entendidos.

As vibrações que são emanações da vida interior são expressões materiais de uma influência espiritual, de uma força que emana da própria vida. Quando surge uma vibração, ela só pode atuar sobre os centros no interior do corpo humano que sejam sensíveis às vibrações, caso contrário não se torna perceptível. Essas vibrações espiritualizadas são emanações que podem ser irradiadas como ondas de pensamento, como uma força ativa da influência cósmica ou universal, e assim exercer seu efeito sobre aqueles para os quais, por sugestão, são dirigidas. (Ver 281-7, A-14; 281-12, A-12.)

Consideremos o efeito do pensamento sobre o corpo no que se refere à vibração. Todos os pensamentos são construídos em diferentes taxas vibratórias. Assim como o alimento ingerido é importante do ponto de vista da estrutura corporal, da mesma forma os pensamentos são importantes como fatores que elaboram o padrão mental. A mente é o construtor. Ela é o engenheiro que molda até mesmo a matéria física em suas formas vibratórias mais elevadas. Portanto, nunca devemos usar as vibrações do pensamento para tentar nos tornar algo além de um canal para ajudar os outros.

B. *O corpo mental*

1. A purificação do eu.

Analisemos o que ocorre no corpo mental durante a meditação. A mente é o construtor, o plano físico é o resultado. A mente participa de ambos os planos, do físico e do espiritual. A maioria das pessoas só conhece uma parte da mente; a esta chamaremos de mente consciente. Até mesmo no campo da psicologia, as investigações mais recentes revelaram pouco além de um simples vislumbre do que se chama de subconsciente, o arquivo da memória e o sempre atento supervisor das funções regulares do corpo. Existe ainda outra parte da mente. Esta pode ser chamada de atividade superconsciente ou mente anímica. (Estes são somente nomes que usamos para tentar esclarecer, diante do nosso entendimento imperfeito, os significados das diferentes funções de uma só força.)

Por meio da meditação, buscamos fazer a mente funcionar normalmente. Por meio da vontade, pedimos à mente do corpo físico que deixe de devanear e se concentre num ideal que será apresentado à mente superior. Esse ideal torna-se a base da atividade resultante.

Se o ideal e o propósito que buscamos cumprir estiverem de acordo com a mente superconsciente, tudo o que for útil para a mente física e para o corpo será transmitido através de algum dos cinco sentidos. À medida que buscarmos entender, cada um de nós terá provas dessa atividade mental mais elevada. Entretanto, se o ideal e propósito objetivados estiverem em desarmonia com a mente anímica, a abertura da porta entre os planos físico e espiritual provocará agitação interior, tocando o ponto mais fraco.

Assim sendo, é necessário purificar a mente para meditar. Pense no que temos de fazer para podermos nos encontrar com Deus face a face. Diremos:

"Muitos não são capazes de falar com Deus, muitos têm medo?" (281-41) Será que nos afastamos tanto que não ousamos nos aproximar Dele, que é todo-misericordioso? Ele conhece os nossos desejos e necessidades, mas só pode nos agraciar de acordo com os objetivos que alimentamos.

Purifiquemos então o corpo e a mente e nos consagremos em oração. Deixemos de lado o ódio, a cobiça e a maldade, substituindo-os por amor e compaixão. Que haja humildade em nosso coração, pois temos de nos humilhar se quisermos conhecê-Lo. Que nos aproximemos com o coração aberto e contrito, pedindo que o caminho nos seja revelado. Depois, busquemos entrar.

2. A sintonia do eu com o todo.

A sintonia depende do desenvolvimento da alma. No plano físico, o rádio serve de exemplo. O ponto de sintonia de uma estação de rádio em dois aparelhos diferentes, mesmo que estejam lado a lado, não é o mesmo, pois a posição do receptor exerce sua influência. Assim acontece quando tentamos sintonizar a consciência com o divino; cada qual faz a sintonia segundo seu próprio desenvolvimento. A sintonização, como qualquer conquista na criação, representa um crescimento. "Na casa do meu Pai há muitas moradas [estados de consciência]... e quando eu me for e vos preparar um lugar, virei outra vez e vos levarei comigo, para que onde eu estiver [em consciência] estejais vós também [em consciência]."[1]

Para uma verdadeira meditação é necessária uma sintonia apropriada. A sintonização perfeita com o Ideal, com o Infinito só pode ser feita quando unimos a mente e a nossa vontade às Dele em palavra, ação, intenção e propósito. Rezemos com sinceridade: "Pai, que a Tua vontade seja feita em mim e através de mim, e não a minha." (262-3)

Como saber quando não estamos em sintonia? É quando perdemos o interesse por nosso semelhante. Estar em desarmonia com os irmãos é estar em desarmonia com o Criador. A Bíblia diz: "Portanto, se trouxeres a tua oferta ao altar, e aí te lembrares de que teu irmão tem alguma coisa contra ti, deixa ali, diante do altar, a tua oferta, e vai reconciliar-te primeiro com teu irmão; depois, vem e apresenta a tua oferta."[2] "Amarás ao Senhor, teu Deus, de todo o teu coração... e ao teu próximo como a ti mesmo."[3]

C. O corpo espiritual

1. A alma.

É por meio da meditação que podemos tomar consciência da existência das forças espirituais interiores, descerrando a porta entre os corpos físico e

---

1. João 14, 2-3   2. Mateus 5, 23-24   3. Lucas 10,27

espiritual. É através dessa porta que os impulsos da alma vêm, buscando expressão no plano físico.

A alma é dotada de muitas faculdades que são limitadas e contidas pelas impressões do plano físico. A alma está sempre presente, sempre disposta a expressar seus verdadeiros propósitos, sua verdadeira relação com o Criador. Por meio da meditação podemos tornar isto possível, se abrirmos o caminho. Alguns dizem que é impossível saber se temos ou não uma alma. É preciso saber que cada um de nós é uma alma. Este corpo no qual vivemos é apenas a nossa morada atual; teremos de partir para outros estados de consciência e para outras experiências.

O fato de termos esperança, de termos desejo por coisas melhores, de sermos capazes de sentir tristeza ou alegria, indica que a mente tem atividades que se baseiam em algo que não é temporal por natureza, em algo que não morre ao morrer o corpo. Essas atividades mentais provêm do centro espiritual do nosso ser, a alma. "E Deus soprou em suas narinas o fôlego da vida: e o homem foi feito alma vivente."[4]

Então, cada um é uma alma dotada dos atributos de Deus, possuindo o poder da criação, de ser um com o Pai, um herdeiro comum com o Filho.

2. O ideal.

Há tantos tipos de meditação quantos são os indivíduos que meditam. Para alguns a meditação é uma fuga das provas do mundo; para outros é um acesso ao conhecimento; para outros ainda é aproximar-se de Deus. Existem várias formas de meditação, cada qual com seus adeptos. Mas o mais importante na meditação são o ideal e o propósito. O mais doce incenso ou a mais bela música não elevarão um coração egoísta para a presença do Criador. É muito mais importante livrar a mente da maldade, do ódio, da cobiça e do egoísmo, do que observar a forma complexa para a meditação. Não fiquemos confusos e envolvidos por meios materiais de meditação, mas consideremos primeiro o motivo fundamental da meditação, harmonizando esse motivo com o mais elevado desejo que pudermos conceber.

Quando entramos na verdadeira e profunda meditação, mudanças definidas ocorrem dentro de nós. Há atividade física que decorre dos poderes imaginativos ou impulsivos. As fontes do impulso são estimuladas pelo fato de não darmos atenção às atividades ou atributos das forças carnais. As mudanças ocorrem naturalmente quando os estímulos que surgem dentro de nós têm origem na sede da alma. Se o ideal, a imagem, a marca de um chamado mais alto é um padrão que está de acordo com a mais elevada aspiração de serviço

---

4. Gênese 2,7

que podemos conceber, então temos a marca do Cordeiro, o Cristo. À medida que alcançamos isto, somos capazes de chegar à própria presença da Força Criativa. (Ver 281-13.)

Alguns ficaram tão ofuscados por abusar dos atributos mentais do corpo que só podem criar uma imagem interior imperfeita.

Se o objetivo da meditação é apenas aquietar o corpo físico, o melhor é usar o método direto. No entanto, na maioria das vezes, não é isso que ocorre. O objetivo e o propósito da meditação profunda é obter um estado elevado de consciência espiritual. Portanto, é importante que a atenção se fixe no ideal a ser estimulado. A quietude física do organismo humano se seguirá como um resultado natural, e haverá um crescimento da unidade, do sentimento interior, muito mais do que pontos separados, partidos da consciência. Ora, ao se fixar a atenção no ideal, deve-se criar o desejo de alcançar o mais elevado estado de percepção de que o ser como um todo é capaz. Isto não significa fixar-se nas palavras de uma afirmação, mas um forte desejo de que o encontro com o eu interior e com Deus esteja livre e desobstruído de outras distrações. O aquietamento do corpo deve resultar do esforço espiritual interior e não da fixação da consciência em estímulos externos.

IV. As forças

Na meditação, mais do que em outro tempo qualquer, tornamo-nos conscientes das forças. Nos referimos a elas como forças psíquicas, ocultas, intuitivas, universais e assim por diante. Estes são apenas nomes para designar as várias funções de Deus. "Ouve, Israel, o Senhor, nosso Deus, é o único Senhor."[5]

A partir de um exemplo, analisemos a força intuitiva que provém das experiências do nosso ser como um todo. Ela pode ser desenvolvida por atividades introspectivas da mente consciente até que seja capaz de transportar essas experiências para a vida diária. Chamamos a isto "entrar no silêncio".[6]

Aqueles que por meio da introspecção constante são capazes de trazer à tona todas as suas experiências interiores são chamados "sábios" ou "lamas". Quando um indivíduo se especializa nessa habilidade e no entanto continua espiritual em aspecto, esse indivíduo se torna um mestre.

Há muito a lucrar no estudo das forças por meio da meditação, da introspecção ou do silêncio. É bom ter um conhecimento total sobre o tema, mas nunca pretenda fazer mistério sobre o mesmo. Jesus viveu com simplicidade, distribuindo o bem entre Seus semelhantes.

---

5. Deuteronômio 6,4   6. E.P.

Quando nós, na meditação, nos abrimos às forças invisíveis que cercam o trono da graça, da beleza e do poder dentro de nós mesmos, irradiamos à nossa volta a proteção que caracteriza o pensamento do Cristo. Quando a mente está em Deus, o Cristo, que é nosso Ideal, não temos de nos preocupar com resultados destrutivos. Lembrem-se da promessa: "Eis que estou à porta e bato: se alguém ouvir a minha voz e abrir a porta, entrarei em sua casa e cearei com ele, e ele comigo."[7] "Sou Eu, não temais."[8]

Quando temos o ideal correto, problemas são solucionados e os obstáculos se transformam em estações do caminho.

V. Métodos de meditação

Temos de aprender a meditar assim como aprendemos a andar, falar ou desenvolver qualquer atributo físico.

Temos de dirigir a consciência por meio do desejo, controlado pela vontade.

As seguintes sugestões são oferecidas como um esboço que pode ser usado individualmente pelas pessoas. Todos somos capazes de escolher a forma mais agradável, mais adequada e que melhor se adapte para nós como indivíduos. Nossas características nos habilitam a aceitar e entender diferentes formas. Para alguns, a abordagem mais simples é a melhor; para outros é necessário um procedimento complicado. Quando entramos em meditação deve haver uma intenção e um propósito espiritual, o verdadeiro desejo de buscar Sua vontade e não a nossa. Deus é força espiritual e deve ser buscado por meio do ideal espiritual que Ele mesmo estabeleceu; Ele aperfeiçoou o caminho e assim se tornou o Caminho. Que os princípios Dele se tornem o guia na formação do ideal, da imagem que é criada no interior.

Limpe o corpo com água pura. Sente-se ou deite numa posição confortável, sem roupas apertadas no corpo: Inspire três vezes pela narina direita e expire através da boca; inspire três vezes pela narina esquerda e expire pela narina direita. Em seguida, com a ajuda de música suave ou de uma invocação que aprofunde o eu numa sensação de unidade com as forças criativas do amor, entre no Santo dos Santos. À medida que o eu sente ou experimenta esta elevação, veja-a através do olho interior (não do olho carnal) transformando-se naquilo que lhe trará mais compreensão para enfrentar todas as experiências do corpo. Então podemos ouvir a música que se faz quando cada centro do corpo responde à nova Força Criativa que está sendo disseminada, cada um através do seu próprio canal. Descobriremos que, pouco a pouco, a

---

7. Apocalipse 3,20   8. Mateus 14,27

meditação nos capacitará a nos renovar física, mental e espiritualmente. (Ver 281-28, A-1.)

Experiências

1. Na meditação, algumas pessoas experimentam uma sensação vibratória que parece mover-se de um lado ao outro do corpo, ou para a frente e para trás. Esta pode tornar-se um movimento circular dentro do corpo, trazendo uma plenitude e uma sensação de redemoinho na cabeça.

2. Outras pessoas sentem certa friagem na cabeça e na fronte.

3. Alguns têm uma pulsação na parte inferior da espinha. Isso pode provir de impulsos nervosos que partem dos centros genitivos inferiores para outros centros glandulares que controlam várias atividades do corpo físico. Convém não forçar estes impulsos, mas fazer com que a mente e as atividades do corpo físico se tornem canais para essas expressões.

4. Outros sentem uma vibração subir pelo corpo e terminar na cabeça com uma sensação de plenitude. Quando somos capazes de estimular dentro de nós mesmos vibrações que percorram todo o curso dos atributos de sintonia física e passem ao centro disseminador, ou olho espiritual, então o corpo se torna um ímã que pode, se usado adequadamente, trazer cura aos outros com a imposição das mãos.

5. Uma sensação nos olhos indica uma vibração de cura. As curas devem acontecer primeiro na pessoa antes que ela possa curar os outros.

6. Quando uma voz fala ao indivíduo, isso é uma manifestação de um despertar interior das habilidades de associar-se, vincular-se e comunicar-se com essas influências que vêm de fora do eu. Então, como se ensina há tempos, caso se conserve e alimente dentro da consciência do eu o desejo por aquela Voz, por essa Presença que trará as várias consciências ao eu, ocorrerão experiências das influências universais ou do mensageiro Dele. Alimentem isso no eu e para o eu. Cuidem para que isso não seja abrangido por nenhuma outra força.

7. Então, por fim, há a presença do que pode se materializar na voz, no sentimento, na visão e na consciência de unidade com o Todo.

VI. Conclusão

Se o auto-aperfeiçoamento é nosso objetivo, temos de começar do lugar onde estamos. Não adianta querer ingenuamente estar em outra condição ou ambiente; pois, a menos que tenhamos dominado o estado atual, o segundo será pior do que o primeiro. O primeiro e último obstáculo que temos de superar é a autocompensação. Enquanto não estivermos totalmente conscientes de tudo o que constitui nossa existência, não teremos o direito de dizer que isto ou aquilo é o objetivo e o propósito da vida. Nossas capacidades e habilidades são da mais elevada criação. É preciso não se iludir; não aceitar qualquer coisa que não seja a mais plena expressão da consciência.

A meditação é o modo mais seguro e correto de entender a nós mesmos. Ela é a chave da porta que está fechada no mundo real para a maioria das pessoas. Estudemos e conheçamos a nós mesmos. Trata-se de um comando, de uma obrigação. Ousemos buscar, não às cegas, mas com fé, para encontrar o "nobre eu". (Ver 281-7, A-11-14.) As abordagens e os resultados podem ser diversos, mas os objetivos são o mesmo entendimento, o mesmo ponto de consciência e o mesmo estado de percepção. Suas atitudes são essenciais:

1. Um forte desejo de buscar a verdade.
2. Um esforço constante e sério para evoluir.

Sejamos regulares na meditação. Momentos esparsos de meditação darão pouco resultado. Seja ativo ao manter o ideal e seja regular ao despertar o eu interior.

No final, a recompensa fará valer o esforço despendido. Muitos desperdiçam horas todos os dias, quando apenas uns poucos minutos passados diariamente na busca interior trariam mais paz, alegria e felicidade verdadeira do que qualquer atividade física. Busquemos então primeiro o reino do céu. Onde fica o reino do céu? Ele está dentro de nós. O que Ele ensinou há tempos é verdadeiro hoje como era no princípio. Chamemos por Ele, sabendo que o nosso corpo é o templo do Deus vivo. Ele prometeu nos encontrar.

Estamos com medo? Temos vergonha? Será que demos tão pouco valor às nossas oportunidades, aviltamos de tal forma o corpo e a mente que estamos com vergonha de nos encontrar com Deus dentro desse tabernáculo? Se for este o caso, vamos pôr a casa em ordem.

No corpo, há centros espirituais que são pontos de contato físico entre o organismo físico e a alma. Essas conexões são tão reais quanto os centros e fibras nervosas que levam os impulsos de um dos órgãos dos sentidos ao cérebro. Existe uma tigela que um dia terá de se quebrar e um cordão de prata que terá de ser cortado do corpo físico de cada indivíduo.[9] O derradeiro objetivo da busca de cada alma é obter uma maior consciência de Deus. Através da meditação podemos aumentar essa consciência na vida diária e preparar o caminho para a mudança chamada morte, a fim de dar outro passo rumo à meta.

O que é o nosso Deus? Será que só queremos saber o que vamos comer amanhã ou com que vamos nos vestir? Se deixamos que essas coisas assumam

---

9. Ver Eclesiastes 12,6

demasiada importância na nossa consciência, seremos criaturas de pouca fé e esperança. Acaso não sabemos que pertencemos a Ele? Somos criação Dele. Ele não quer que pereçamos, porém deixou por nossa conta o tornarmo-nos conscientes do nosso relacionamento com Ele. Em nossa casa, o corpo, temos os meios de entrar em contato com Ele — por meio do desejo de conhecê-Lo. Manifestamos esse desejo quando limpamos o corpo e a mente dessas coisas que sabemos ou imaginamos ser impedimentos. Há muito tempo nos ensinaram que os que nos trarão uma mensagem não descerão do céu nem virão do outro lado do mar, mas que nós O encontremos dentro do coração e da consciência.

Pediríamos para Deus fazer para nós o que faríamos para nosso irmão? Se fizermos isto, somos egoístas e não podemos conhecer a Deus, pois o que fizermos ao menor de nossos irmãos, estaremos fazendo para o nosso Criador. Não se trata de meras palavras — elas podem ser experiências de fato se buscarmos conhecer a Ele. Não é impossível encontrá-Lo. Se quisermos conhecê-Lo, temos de nos voltar para Ele; temos de observar, esperar e agir de tal modo que Ele, nosso Deus, nos encontre face a face. "Sou Eu, não temais",[10] disse Ele aos que buscam saber qual é o seu relacionamento com seu Criador.

Muitos ficam com medo devido às coisas que ouvem, e dizem: "Eu não entendo, eu não compreendo." Por quê? Acaso nos diminuímos tanto, diminuímos o corpo, a mente e a consciência a ponto de ficar insensíveis e anular as oportunidades de conhecer o Criador?

Purifiquemos o corpo e a mente. Consagremo-nos em oração. Que haja humildade em nosso coração, pois temos de nos humilhar se quisermos conhecer a Ele; e temos de nos aproximar Dele com o espírito aberto, em busca, contrito, desejoso de que Ele mesmo nos mostre o caminho.

Quando conhecermos o caminho, que não nos desviemos, mas sejamos fiéis à visão que nos foi dada. Ele falará, pois sua promessa foi: "No dia em que me chamardes, Ouvir-vos-ei depressa."[11] Então, quando Ele falar, abramos o coração e a nossa mente às oportunidades e glórias que nos cabem por direito. Podemos aceitá-las por meio da sintonia da consciência com a Consciência Crística na meditação. Então podemos dizer com toda a sinceridade: "Que os outros façam como quiserem, mas quanto a nós, adoraremos — sim, nós serviremos ao Deus vivo."[12]

Mesmo nas épocas das maiores provas, Ele não está longe de nós. Ele está mais próximo do que a nossa mão direita. Ele está à porta do nosso coração. Pediremos que entre ou O mandaremos embora? (Ver 281-41.)

---

10. Mateus 14,27   11. Ver Salmos 102,2   12. Ver Josué 24,15

Lição I
COOPERAÇÃO

"E, finalmente, sede todos de um mesmo sentimento, compassivos, amando os irmãos."

I Pedro 3,8

Afirmação

Que seja feita, Ó Senhor, a Tua vontade e não a minha, em mim e através de mim. Deixa-me ser sempre um canal de bênçãos, hoje, agora, para todos aqueles com quem eu entrar em contato de todos os modos. Deixa que minhas idas e vindas estejam de acordo com o que Tu queres que eu faça; e, quando vier o chamado, que eu diga: "Eis-me aqui, envia-me, usa-me."

262-3

I
COOPERAÇÃO

[Baseado nas leituras de Edgar Cayce, de 262-1 a 262-5]

Introdução

No plano físico a cooperação é definida como agir ou atuar juntamente com os outros, concorrendo com eles em ação ou esforço. No plano espiritual é muito mais. Cooperar significa deixar o ego de lado e tornar-se um canal através do qual possam fluir bênçãos para os outros. A bênção é a cooperação em ação. Quer no plano físico, quer no espiritual, é necessária a ação para concretizar a cooperação — portanto, aqueles que se unirem em torno de uma causa comum devem agir juntos na busca e na realização de uma única finalidade.

O melhor da vida nos pertence — não à custa dos outros, mas em harmoniosa cooperação com eles. Em toda organização bem-sucedida vigora a lei. Os céus declaram que a Mão que os formou foi a Mão da unidade, da ordem e da harmonia. Toda a natureza cumpre a mesma lei. Cada parte do corpo humano executa sua função sem pensar nas outras; e, no entanto, todas dependem umas das outras.

Quando o ego se perde no Ideal, o resultado natural é a cooperação. Trata-se da conseqüência natural do serviço do sacrifício pessoal e da entrega total a Ele. Seja qual for o estado em que nos encontremos na sociedade, que a enfrentemos em seu próprio nível; quando olhamos para cima, nós a elevamos. Isto é cooperação.

Necessidade de cooperação

É preciso pôr a cooperação em ação no pensamento. Os pensamentos adversos têm um efeito paralisador que só retarda o nosso desenvolvimento, mas também bloqueia o caminho daqueles que procuram nos ajudar. O Mestre não pôde realizar grandes obras em Sua própria cidade porque o povo não acreditava Nele. Os pensamentos são atos e podem se transformar em crimes ou em milagres quando os concretizamos. Para realizar qualquer objetivo, para alcançar uma meta, para obter uma bênção para o ego ou para a humanidade, é necessário ter em mente um objetivo ou propósito.

À medida que procuramos cooperar com os outros em nosso caminho, sendo-lhes úteis, seremos elevados. Que a Força Criativa se expresse dentro de nós de tal modo que possamos trazer a paz, a esperança e a compreensão para a vida dos outros, para que também eles, a seu modo, busquem ser canais de bênçãos.

Entremos então em sintonia com a mais elevada Força Espiritual. Esta vontade chega quando estamos de acordo com a vontade Dele.

Exercitemos a nossa mente consciente mantendo estes dois pensamentos diante de nós:

1. Temos de nos perder Nele.

2. Todos os nossos pensamentos e cada uma de nossas ações têm de estar em harmonia com a intenção e o propósito superiores dentro de nós.

Qual é a mente do Cristo que temos de buscar? À medida que abrimos a mente, o coração e a alma para sermos canais de bênçãos, temos a mente do Cristo, que tomou sobre si o fardo do mundo. Que nós, da mesma forma, possamos na nossa pequena esfera tomar sobre nós essas cargas do nosso mundo. A alegria, a paz e a felicidade que podem ser nossas decorrem do ato de praticar boas ações aos nossos semelhantes. Buscar entender as leis que pertencem ao correto viver em todas as suas fases torna a nossa mente sintonizada com as Forças Criativas. (Ver *À Procura de Deus*, Livro II, p. 187.) Adquirimos a mente de Cristo quando pomos em ação aquilo que sabemos.

Método para obter cooperação

Agora surge uma questão: Como fazer isto? Como trabalhar enquanto indivíduos cujos propósitos estão de acordo com a vontade Dele? Para responder, temos de olhar para dentro, olhar para as pequenas coisas que formam a nossa verdadeira natureza. Temos de vigiar nossos pensamentos e atos diários e precisamos, por meio da meditação, despertar o eu interior.

Temos de controlar os pensamentos e os atos na vida diária porque a cooperação é uma oferta do eu para ser um canal de atividade, de pensamento. Isto não se conquista de imediato, mas passo a passo, preceito após preceito, por meio da doação do eu. Temos de compreender que quem quiser viver tem de dar vida; quem quiser ter amor tem de mostrar-se digno de receber amor; quem quiser ter amigos precisa ser amigável; quem quiser obter cooperação tem de cooperar, dedicando-se a fazer o necessário, oferecendo luz, força, saúde ou compreensão para os outros. Nele, estas pessoas são uma só.

Vamos substituir os pensamentos negativos por pensamentos positivos, deixando de pensar mal dos outros, mas falando e pensando bem de todos. Vamos conceber bons pensamentos sobre aqueles que nos feriram, não perdendo nenhuma oportunidade de praticar um pequeno ato de gentileza que aliviará o fardo de outro ser humano. Devemos viver como sabemos que Ele gostaria que vivêssemos. Comecem agora. Trabalhemos! Trabalhemos diligentemente, sem parar. Pensemos continuamente na atitude mental que adotamos, pois ela dará nascimento à paz, à harmonia e ao entendimento; ou, pelo contrário, provocará as forças da luta que atraem inquietação e problemas. Descobriremos que, ao agir corretamente, o espírito da inquietação está sempre presente; mas, dia após dia, esse espírito deve ser afastado da mente e substituído cada vez mais por pensamentos de paz, harmonia e entendimento — não escondidos, mas ativos. É assim que damos expressão ao que está sendo buscado.

Todos devemos buscar a unanimidade das mentes, a unanimidade dos objetivos; a virtude no conhecimento de Deus — das leis e dos preceitos Dele —, não para a própria vantagem, mas para o benefício dos outros; não para a auto-edificação, mas concedendo esse poder e força aos mais fracos. Busquemos a harmonia, porque a harmonia estimula a paz; a paz traz o entendimento, e o entendimento acarreta a iluminação.

Por nós mesmos não podemos fazer nada; portanto, busquemos a Luz interior na meditação. Todos os dias, de preferência ao nascer do sol, reservemos um período para a oração e a meditação. Aquietemos o corpo físico, purifiquemos as emoções e esperemos no Senhor. Aproximemo-nos de Deus e Ele se aproximará de nós.

Quando entrarmos em meditação, visualizemos a força da harmonia e do amor em ação. Ao pôr em prática o que conhecemos de cooperação nos atos e pensamentos, nos chegará a sua paz que nos trará entendimento e a compreensão de que somos canais Dele. Ele prometeu que o poder, a força, a alegria, a vida e a luz não serão negados aos que buscam esta unidade em Seu nome.

A realização da cooperação

À medida que a compreensão de uma cooperação perfeita Nele nos chegar, também nos virá o conhecimento de nossa unidade com a Força Criativa do Universo. O interesse pessoal será eliminado. A alegria e a felicidade, encontradas no serviço ao próximo, reinarão em nosso coração. Nosso corpo e nossa mente funcionarão de forma mais perfeita, visto que a Força Criativa, que sempre busca expressar-se em tudo, terá sido estimulada em nós. O entendimento virá tão tranqüilamente como as sombras silenciosas da noite, e a Sua paz perene viverá em nosso coração.

Talvez não haja maneira melhor de exemplificar essa compreensão do que citando algumas experiências daqueles que buscam a luz e a compreensão por meio da cooperação.

"Ao viver a cooperação, fui levado a um entendimento espiritual maior e compreendi que sou um canal através do qual Ele executará a Sua vontade."

"Em minhas provas dolorosas, contei com a cooperação do grupo de estudo e compreendi que por meio das orações e meditações do grupo nada poderia me atingir a não ser o bem. Todo o medo foi eliminado. Percebi que a justiça e a misericórdia prevaleceriam. Obtive um sentimento de contentamento, uma disposição de deixar tudo nas mãos Dele, e compreendi que tudo estava bem."

"Com a cooperação do grupo de estudo, compreendi melhor a relação entre o meu próprio propósito e o propósito total da vida. Às vezes, quando a nossa cooperação foi maior, fui capaz de me sentir como um canal perfeito através do qual Deus se manifestava. Durante as noites que se seguiram a essa sintonia, tive visões e sonhos que me deram testemunho de crescimento e desenvolvimento."

"Compreendi que a repetição fiel dos esforços que trazem cooperação às vezes dá um sentimento de unidade com todos com quem trabalho, e uma aproximação da presença Dele, que mostra que sua promessa — onde estão dois ou três reunidos em meu nome, eu estou lá entre eles...[1] — é certa."

"Na minha meditação, vi o nosso grupo de estudo juntar-se e formar um círculo completo, sendo cada membro do grupo representado por um ponto. Cada ponto no círculo parecia chamar os outros pelo nome e abençoá-los. O círculo depois se transformou numa roda, os pontos tornando-se raios. Cada raio representava um membro do grupo. Cada raio tornou-se um canal, saindo do cubo da roda onde se via a Luz de Cristo. À medida que as bênçãos do amor, da harmonia, da paz e do entendimento se irradiavam do Cristo através dos canais, a roda era capaz de girar. Isso era cooperação em ação. À medida que a roda girava, os membros do grupo ou canais eram capazes de girar outras rodas que estavam ajudando a levar ao mundo a luz, o amor, a harmonia e o verdadeiro entendimento."

Estes são os objetivos que cada um de nós tem de atingir por meio de suas várias experiências: unidade de propósito, unidade de mente — devendo ser manifestada a vontade Dele, não a nossa, nem as nossas personalidades, em tudo o que fizermos e ensinarmos.

Sejamos pacientes e incansáveis ao buscar esta cooperação, pois nos estaremos preparando para continuar o estudo e o entendimento das forças espirituais e nos tornaremos canais ativos para essas forças superiores. Seremos

---

1. Mateus 18,20

melhores maridos, melhores esposas, melhores vizinhos e melhores amigos. Este pequeno mundo em que vivemos será mais feliz por fazermos parte dele. Traremos mais alegria e felicidade aos que estão ao nosso redor e estaremos manifestando o amor de Deus pelo homem.

Está se abrindo o caminho para todos os que terão parte na redenção da humanidade. Temos de manter o coração cantando, não com tristeza, mas com alegria — pois, de todos os escolhidos por Ele, devemos ser os mais felizes. Possam os nossos esforços conjuntos vencer o tempo e chegar aos que ainda não nasceram, regenerando-os para esse despertar que torna as almas dos homens seguras no conhecimento Dele, que criou todas as coisas, pois "sem Ele nada se fez de tudo o que foi feito".[2]

> Que seja feita, Ó Senhor, a Tua vontade e não a minha, em mim e através de mim. Deixa-me ser sempre um canal de bênçãos, hoje, agora, para todos aqueles com quem eu entrar em contato de todos os modos. Deixa que minhas idas e vindas estejam de acordo com o que Tu queres que eu faça; e, quando vier o chamado, que eu diga: "Eis-me aqui, envia-me, usa-me."

262-3

---

2. João 1,3

Lição II
CONHECE-TE A TI MESMO

"Vós sois o corpo de Cristo. E cada um, por sua vez, é um dos membros dele."

I Coríntios 12,27

Afirmação

Pai, à medida que buscamos ver e conhecer a Tua face, possamos todos, como indivíduos e como grupo, chegar a conhecer a nós mesmos assim como somos conhecidos, para que nós — como luzes em Ti — sejamos a melhor imagem do Teu Espírito neste mundo.

262-5

II
CONHECE-TE A TI MESMO

[Baseado nas leituras de Edgar Cayce, de 262-5 a 262-11]

Introdução

Quando nos fazem a pergunta "Você conhece a si mesmo?", por que não podemos responder "Sim"? Dentro de cada um de nós há grandes armazéns de habilidades e capacidades que nunca usamos. Se fossem manifestadas, nos veríamos sob uma luz diferente. Entenderíamos as funções reais do corpo físico em relação com os corpos mental e espiritual. Enquanto não nos familiarizarmos melhor com nós mesmos, seremos barreiras no caminho do nosso próprio desenvolvimento.

Em primeiro lugar, cada um deve saber que é preciso estabelecer um padrão de medida, de avaliação, de preceito e de conceito. Não devemos nos medir por padrões mundanos se quisermos conhecer a nós mesmos. Em vez disso, avaliemo-nos segundo o que sabemos ser o nosso ideal interior, sabendo em que acreditamos e agindo dessa maneira. Portanto, estejamos dispostos a ser avaliados não pelo que temos, porém pelo que damos.

O corpo físico

Conhecer a si mesmo não é apenas ter conhecimento dos atos do corpo físico, mas conhecer a si mesmo como entidade, como fator completo, capaz de conhecer tudo o que entra e sai. Só os que estiverem dispostos a pagar o preço podem entrar em contato com essa fonte de conhecimento. O preço é a entrega completa de si mesmo, com uma purificação e dedicação que só são possíveis através da oração, da meditação e do serviço. Trata-se de um caminho reto e estreito, mas ele está aberto a todos. A água da vida é ofertada de graça.

Como entidades, somos miniaturas do universo, possuindo corpos físico, mental e espiritual. Estes corpos estão tão estreitamente associados e relacionados que as vibrações de um afetam os outros dois. O corpo mental, especialmente, participa dos outros dois: no plano físico, como a mente consciente; no espiritual, como a mente superconsciente.

Nossos corpos são templos do Deus vivo. Aprouve a Deus manifestar-Se desse modo no mundo. O corpo físico é um conglomerado único da Força Criativa que se manifesta no mundo material. Todas as partes do corpo têm de trabalhar em uníssono; se uma lutasse contra a outra, naturalmente se seguiria a discórdia. Cada parte tem suas funções, e elas são tão importantes que nenhuma outra pode assumir seu lugar; nenhuma parte pode ser considerada insignificante e inútil.

Cada órgão tem suas funções individuais e seus desejos, que em si mesmos são sagrados. Os sentidos nos dão a conhecer os desejos ou a natureza do corpo físico. Esses desejos são registrados nas atividades do corpo de tal modo que ficam estampados no rosto. Os sentidos estão em sintonia com o plano físico, cada um vibrando de acordo com a formação e a concentração de forças físicas, buscando a expressão do eu interior — do qual o corpo físico é a representação material. Pois as impressões recebidas através dos sentidos não mostram em escala maior só aquilo que ocorre numa única aparição ou experiência, mas também todas as impressões que recebemos em todas as experiências, sendo o registro feito em nossas almas. As impressões são registradas de modo material na nossa fisionomia.

Os corpos mental e espiritual

Do mesmo modo, os desejos dos corpos mental e espiritual constroem a nossa individualidade. Este processo de construção existe há eras. Os grandes fatores hereditários e ambientais, o karma, a vibração do pensamento e a ação de leis universais nos planos que ficam além do plano físico exercem todos suas influências, tal como os desejos e as vibrações dos órgãos físicos atraem e constroem a composição do corpo físico. Somos o resultado não só do desenvolvimento das raças que nos antecederam, mas também do nosso desenvolvimento que vem acontecendo desde a nossa criação como almas individuais.

Somos a soma total de todas as experiências que tivemos em cada estado de consciência. "Na casa do meu Pai há muitas moradas[1]" [estados de consciência]. Mediante os pensamentos e ações, estamos construindo não só o corpo físico como também os corpos mental e espiritual. Cristo, o Mestre, disse: "Não é o que entra pela boca que torna o homem impuro; mas, pelo contrário, aquilo que sai da sua boca."[2] Aqueles que vivem unicamente para satisfazer o corpo carnal podem ser belos por fora, mas enfraquecem de tal maneira a sua alma que só são capazes de exteriorizar discórdia e corrupção. Ao falar aos escribas e fariseus, Jesus disse: "Sois semelhantes a sepulcros

---

1. João 14,2   2. Mateus 15,11

caiados: por fora com bela aparência, mas por dentro cheios de ossos dos mortos e toda espécie de podridão. Assim, por fora vós pareceis justos, mas por dentro estais cheios de hipocrisias e maldade."[3] O mesmo princípio pode ser aplicado ao raciocínio correto, pois nos tornamos aquilo que pensamos.

A alma buscará aquilo que construiu, não só no plano material mas no universal, porque "tombe uma árvore para o sul ou para o norte, para onde tombar, aí ficará".[4] Isso será bem entendido se conhecermos e analisarmos a nós mesmos, pois compreenderemos que cada experiência é uma lição a nos ajudar a adquirir o conhecimento do Todo, de que "Eu e o Pai somos um".[5]

Quando buscamos nos perder no Todo, adquirimos a capacidade de nos ver como fez o indivíduo que teve o seguinte sonho:

"Eu me vi saindo do corpo e me tornando três corpos, físico, mental e espiritual. No início, o corpo físico era o maior, mas à medida que os outros depois cresceram, ele gradativamente foi se tornando menor, até que finalmente desapareceu no pó. Em seguida, os outros se tornaram maiores e andaram à volta na quarta dimensão."

Quando os nossos atos e pensamentos são medidos pelo padrão do Cristo, e quando só queremos ser canais de bênçãos para os outros, deixamos de nos preocupar conosco, então temos o espírito de Cristo, pois Ele veio não só para ser um guia espiritual, mas para servir de instrumento, e deu Sua vida em resgate por muitas pessoas.

O eu em relação aos outros

Não devemos deixar que a lisonja, a crítica e as opiniões alheias nos desviem daquelas coisas vitais que defendemos — aquelas coisas que estão nos elevando e construindo dentro de nós o que irá durar até o fim. Interiorizemo-nos a fim de verificar se estamos sendo verdadeiros para com nós mesmos quando surgem as tentações. Sabemos que não podemos ser fiéis aos outros se não formos primeiro fiéis a nós mesmos.

À medida que cultivamos a capacidade de discriminar entre o certo e o errado, o bem e o mal, alcançamos o plano onde podemos ser donos do nosso destino. Ele será encontrado se não abrirmos mão de cumprir a lei como um todo: "Amarás o Senhor com todo o teu coração... e a teu próximo como a ti mesmo."[6] Este é um desejo espiritual, pois a mente carnal é invejosa. Existe em todos nós aquela Voz suave que ensina o sacrifício, o amor e o serviço, que previne contra as catástrofes e protege de todos os perigos. Quando a ouvimos e seguimos, não se cometem erros, não se movem guerras, não se

---

3. Mateus 23,27-28   4. Eclesiastes 11,3   5. João 10,30   6. Lucas 10,27

destroem lares; pois então buscamos o bem para o próximo e cumprimos a vontade do Criador.

Que ousemos ver a nós mesmos como os outros nos vêem. É conveniente ficarmos de lado e observar-nos a passar. Pensemos outra vez sobre os atos e palavras do dia, perguntando-nos: Por que fizemos isto ou aquilo? Teríamos agido com Deus do modo como agimos com nosso irmão? Estamos expressando nossos conceitos de Deus na vida, com aqueles com os quais entramos em contato? É de fato verdade que "ninguém vive e ninguém morre para si mesmo".[7]

É bom saber o que os outros pensam de nós. Sem sentimentos de vergonha ou humilhação, devemos estar dispostos a ser avaliados pelo padrão que lhes damos impressão de manter. É nosso dever analisar e controlar a nós mesmos de tal forma que cada palavra e cada ação possam refletir exatamente o que queremos ser, e não permitir que sejam tão diferentes que não sejamos reconhecidos como filhos da mesma família.

Enquanto estamos buscando conhecer a nós mesmos por meio da meditação ou da auto-análise, estamos, por assim dizer, passando por placas de sinalização ao longo do caminho. Dia após dia vemos uma pequena luz, ou captamos uma palavra aqui, uma idéia, daqueles com quem entramos em contato, que nos ajudam a compreender que todos estamos viajando pela mesma estrada. Na verdade, quanto melhor conhecermos a nós mesmos, tanto melhor entendemos os outros. O fato de ver o irmão como éramos ou somos não nos torna mais tolerantes para com ele?

Visto que a prestação de serviços é o modo de cumprir a nossa missão aqui na terra, surge naturalmente a pergunta: "Quem é este irmão ao qual temos de servir?" É aquele que precisa de ajuda, quer se trate de um amigo ou inimigo, independente de sua raça ou credo. Quando Jesus definiu esta questão, Ele disse: "Quem é minha mãe? E quem são meus irmãos? E, estendendo a sua mão para os seus discípulos, disse: 'Eis aqui minha mãe e meus irmãos; porque todo aquele que fizer a vontade do meu Pai que está nos céus, este é meu irmão, irmã e mãe.'"[8] Se medirmos as nossas atividades na lida diária da vida pelos padrões do Cristo, nunca haverá arrependimento. É seguindo os ensinamentos do Mestre que avançaremos cada vez mais rumo a um entendimento perfeito.

"Sejam o que parecem ser. Vivam o seu credo. Mantenham acesa na terra a tocha divina. Sejam quem oram para ser. Sigam os passos do Mestre Jesus."[9]

---

7. L.P. Leituras Psíquicas. Ver Romanos 14,7   8. Mateus 12,49-50   9. L.P.

O eu em relação à força criativa

Ao nos mantermos em contato com a Força Criativa, nós subimos acima das condições em que o cego orienta o cego e sabemos que somos guiados em tudo pelo Olho que Tudo Vê.

> "Se eu subir ao céu, tu aí estás; se fizer no inferno a minha cama, eis que tu ali estás também. Se tomar as asas da aurora, se habitar nas extremidades do mar, até ali a tua mão me guiará e a tua dextra me susterá."
>
> *Salmos 139, 8-10*

É preciso despertar e saber que Deus está falando conosco, orientando-nos e protegendo-nos — saber que o Espírito Dele está agora mesmo testemunhando com o nosso espírito o fato de sermos filhos de Deus.

Quando a voz da alma gritar pelo Criador, não duvidemos da promessa: "Bem-aventurados os que têm fome e sede de justiça, porque serão saciados."[10] Talvez não saibamos de onde vem esse conhecimento, mas todos os que buscam saberão que o seu nome é "Eu Sou quem Sou"[11] e que Ele fala em Seu templo sagrado, o corpo. Este é o verdadeiro despertar. Existe, de fato, um corpo físico, um corpo mental e um corpo espiritual, e eles são um — um no amor, um na verdade, um no serviço e um Nele.

O despertar do eu

O corpo físico, o corpo mental e o corpo anímico nada mais são do que sombras do Triuno. O corpo físico é como o homem. O corpo mental é como o salvador do homem, pois é através da aplicação de influências mentais que controlamos e construímos o que se expressa no corpo físico e na alma. O corpo anímico é feito à imagem do Criador, e feito para ser um companheiro no espírito. O corpo físico é a casa, o lar da alma, durante sua estada no mundo material. O que fazemos com as oportunidades que se apresentam em nossas experiências acaba por dar expressão aos poderes que são emprestados à nossa alma e ao nosso corpo em sua passagem pela terra.

À medida que o conhecimento do despertar das forças anímicas é usado em nosso relacionamento com os semelhantes, chegamos a compreender nosso relacionamento com o Criador, pois "Em verdade vos digo que, quando o fizestes a um destes meus pequeninos irmãos, a mim o fizestes."[12]

A consciência dos desejos e apetites físicos é sinal do despertar físico. Satisfazê-los de forma egoísta é pecado. Isto se exemplifica na experiência

---

10. L.P. Ver Mateus 5,6   11. Êxodo 3,14   12. L.P. Ver Mateus 25,40

dos nossos primeiros pais. "E vendo a mulher que aquela árvore era boa para se comer, e agradável aos olhos, a árvore desejável para dar entendimento, tomou do seu fruto e comeu, e deu também a seu marido, e ele comeu com ela."[13]

Quando nos apercebemos de que a mente pode controlar os desejos físicos, temos o despertar mental. "E Daniel assentou no seu coração não se contaminar com a porção do manjar do rei, nem com o vinho que ele bebia."[14] Este é um exemplo de alguém que está firme na luz de um despertar mental, embora aparentemente se tratasse de um sacrifício da própria vida.

Quando percebemos que podemos reconciliar o espírito interior com o espírito exterior e sabemos que os dois são um só e provêm da mesma fonte, Deus, temos o despertar espiritual. Este despertar foi manifestado com perfeição por Jesus, o Mestre, em Sua vida entre os homens.

O despertar é algo natural quando entramos em sintonia com a Fonte de todo o bem, permitindo que o Espírito Dele dê testemunho ao nosso espírito. Então despertamos para o conhecimento de que somos, de fato, filhos de Deus. Desenvolvemos o despertar espiritual pela paciência, tolerância, resignação e clemência, não ficando dispostos a permitir que alguém sofra, mas desejando que todos cheguem ao conhecimento da verdade. Quando praticamos essas virtudes na nossa vida diária, tornamo-nos mestres entre os homens.

Conclusão

É preciso compreender que devemos viver no corpo e na mente de modo a ser canais através dos quais possam fluir as Forças Criativas. Prestemos mais atenção aos nossos pensamentos, pois pensamentos são atos e são filhos da união da mente e da alma. Nos tornamos constantemente o que pensamos. O que nutrimos na mente é construído no corpo físico, tornando-se não só alimento para a alma, mas também a herança da alma em outros domínios de experiência. A vontade é um atributo da alma. Temos de reconhecer que, ao exercê-la, podemos nos tornar Um com o nosso Criador ou nos separar Dele. Com a vontade podemos aderir às leis imutáveis estabelecidas entre o Criador e a criação ou nos contrapor a elas.

Determinemo-nos a seguir um programa construtivo. As condições deste programa exigem que adotemos uma posição firme, cada um de nós. Estamos determinados a ser fiéis a esse programa, não importa quais sejam os sofrimentos mentais ou físicos. Confiaremos na Força divina dentro de nós para obter a energia, para suportar o sofrimento e para dizer "não" quando for

---

13. Gênese 3,6   14. Daniel 1,8

necessário. Teremos de considerar as necessidades dos outros antes de atendermos às nossas.

E estudemos para nos mostrarmos dignos de ser aprovados por Deus em corpo, mente e alma. Que nos tornemos cada vez menos conscientes dos desejos de satisfazer as forças carnais do corpo. Nosso propósito na vida é obter poder, posição, riqueza e satisfazer os anseios da carne? Perderemos a nossa alma ao fazer isso? A escolha é nossa. O Cristo está pronto a nos ajudar. Devemos bloquear a porta da nossa própria consciência?

> Pai, à medida que buscamos ver e conhecer a Tua face, possamos todos, como indivíduos e como grupo, chegar a conhecer a nós mesmos assim como somos conhecidos, para que nós — como luzes em Ti — sejamos a melhor imagem do Teu Espírito neste mundo.

262-5

Lição III
QUAL É O MEU IDEAL?

"De sorte que haja em vós o mesmo sentimento que houve também em Cristo Jesus."

Filipenses 2,5

Afirmação

Deus, tem piedade de mim! Ajuda-me na minha incredulidade! Deixa-me ver Nele o que gostarias que eu visse no meu semelhante. Deixa-me ver em meu irmão o que vejo Naquele, a quem adoro.

262-11

III
QUAL É O MEU IDEAL?

[Baseado nas leituras de Edgar Cayce, de 262-11 a 262-14]

Introdução

O que é um ideal? Disseram-nos que um conceito mental ou o que concebemos como padrão de perfeição é um ideal. A mente é o construtor. Estamos sempre buscando algo a que adorar ou algo para amar, seja físico, mental ou espiritual. Formamos idéias a partir das nossas experiências; então, por meio da imaginação, algumas vezes nós confundimos essas idéias com ideais. Um ideal é algo que transcende e está acima daquilo que construímos. O ato de chamar às nossas idéias de ideais é o início da decadência na estrutura que construímos. Nossos ideais estão sempre presentes; consciente ou inconscientemente, eles são a base das forças motivadoras na nossa vida.

Os ideais crescem com o desenvolvimento

Na infância, a altura que esperávamos alcançar era de longe muito menor do que a que estabelecemos como meta na juventude. Lembramo-nos de que o Deus que adoramos na infância cresceu para o Espírito no qual agora chamamos "Abba, Pai!"[1] Portanto, à medida que avançamos para a frente e para o alto, nossos ideais aumentam até chegar à perfeição, a Fonte de todo o Bem, a Energia Criativa da qual somos manifestações.

Do ponto de vista dos planos físico, mental e espiritual, os nossos ideais são padrões pelos quais buscamos formar a nossa vida. Temos de entender o significado da "Unidade" e fundir os ideais mental e físico com o ideal espiritual da alma. Não é o padrão espiritual que deve se adaptar a nós, mas nós é que devemos crescer para nos adaptarmos ao padrão, cujo Criador e Terminador é Deus.

---

1. Ver Marcos 14,36

O verdadeiro ideal

O verdadeiro ideal é a conquista espiritual mais elevada a ser alcançada neste plano material; donde se segue que o nosso ideal deve ser encontrado no Cristo, que é o Caminho. Aquele que escolher subir por outro caminho é um ladrão e rouba a si mesmo. Todos os que buscam a verdade reconhecem isto, embora possam expressá-lo de diferentes maneiras. As citações seguintes servem de exemplo:

"Pensar, falar, agir com a consciência do meu eu divino, esperando que eu possa ser como Ele, que possa fazer as coisas que Ele disse que eu seria capaz de fazer, e ajudar aqueles que não ouviram a sua voz — este é o meu ideal."

"Tu, Unidade gloriosa, radiosa além da mente finita, eu Te quero manifestar mais plenamente. Tu, terno e amoroso Pai, pelo amor do Teu Filho me dás o testemunho do Espírito, para que Ele reafirme ao meu espírito que eu sou filho de Deus, e do mesmo modo me ajude a compreender plenamente que meu irmão é um Contigo. Desperta-me para a nova vida, a paz, o amor, o conhecimento e a compreensão — então alcançarei o meu verdadeiro ideal."

"Meu ideal é espiritual em essência, onde quer que ele me leve. Cristo é o Guia, Cristo é o Senhor, Cristo é o Caminho. Os caminhos Dele são meus caminhos e Suas ambições são minhas ambições. Ser como Cristo é o meu ideal. Somos os filhos de Deus e devemos agir como tais."

"Meu ideal é ser um perfeito canal através do qual possa ser feita a vontade do Pai, seja no plano físico, mental ou espiritual, e voltar ao Pai de onde vim. Minhas esperanças e desejos estão no Um que criou todas as coisas."

Em Jesus temos o caminho, o exemplo e todos os atributos do Ideal manifestado. Seus ensinamentos e Sua vida de serviço aos Seus semelhantes nos mostram o caminho que também temos de trilhar para atingir a altura que Ele alcançou. Quando em nosso relacionamento com os semelhantes formos tão perfeitos na Consciência de Cristo que cada palavra, pensamento e ação tragam bênçãos àqueles com quem entramos em contato, então podemos estar certos de que nosso ideal é o verdadeiro.

Alcançando o ideal

O ideal não pode ser feito pelo homem; tem de ser de natureza espiritual para que tenha seu fundamento na Verdade, em Deus. Conheça o primeiro princípio:

> A dádiva de Deus ao homem é uma alma individual que possa ser uma coisa só com Ele e que saiba que, sendo uma com Ele, no entanto é em si mesma individual; com os atributos do Todo, sem no entanto ser o Todo.

262-11

Este tem de ser o conceito, ou o ideal, dos corpos imaginativo, mental, físico e espiritual do homem. Todos devem atingir esse ideal — nunca se tornarão o Ideal, mas senão um com o Ideal.

Uma vez estabelecido este ideal, não haverá mais medo. Cada um receberá a graça de ousar ser um Daniel, de ousar ficar só. O ideal é atingido vendo o Pai nos outros. Que a nossa prece seja:

> Deus, tem piedade de mim! Ajuda-me na minha incredulidade! Deixa-me ver Nele o que gostarias que eu visse no meu semelhante. Deixa-me ver em meu irmão o que vejo Naquele, a quem adoro.

262-11

Alcançamos esta visão através do Cristo. É necessária a luz penetrante do Seu Espírito para discernir a centelha divina na humanidade caída. É necessária a mente do Cristo para abençoar e não condenar, amar e não censurar. Agora os campos estão maduros para a colheita, mas há poucos trabalhadores. Temos de trabalhar, trabalhar, pois está chegando a noite da descrença e da dúvida.

Nossa herança é captar o verdadeiro conceito do Divino em tudo que há e ser, de verdade, co-trabalhadores com Deus. À medida que se ampliar cada vez mais em nós a Consciência de Cristo, nos tornaremos verdadeiramente livres; e com a liberdade vem o despertar — o despertar para a compreensão do Ideal.

Quando virmos os outros como o Cristo os vê e lutarmos para nos consagrarmos a Ele, nossos atos diários, nossas palavras e pensamentos trarão a compreensão e o entendimento do Ideal manifestado em nós, bem como nos outros. Busquemos o bem em todos, não proferindo palavras más, ásperas nem indelicadas a ninguém, em tempo nenhum.

Façamos tudo o que sabemos fazer com amor, e deixemos os resultados por conta de Deus. Mantenhamo-nos fiéis ao que nos propusemos ser, sabendo que não existe emergência material que não possa ter solução na inspiração espiritual, pois Suas promessas são seguras. Podemos sofrer ofensas; mas cada medo encontrará algo dentro de nós que nos aquietará as mentes perturbadas, assim como Ele acalmou a tempestade no mar. Quando buscamos, encontramos; quando batemos somos ouvidos. Se formos tímidos, medrosos ou cautelosos demais ao demonstrar a esperança que nos sustentou, nos tornaremos mais fracos e medrosos.

Conclusão

Escolhemos o Ideal espiritual? Nossa vida é medida por esse Ideal? Quando examinamos a nós mesmos com sinceridade e verificamos que nosso padrão é o que vemos em nosso semelhante; quando chegamos a compreender que Deus está se manifestando nele e através dele, sabemos que o Ideal que estabelecemos para nós mesmos é um ideal que nos elevará e nos fará ser compassivos como o Pai celestial é compassivo. Então teremos certeza de obter aquela paz que transcende todo entendimento.

Qual é o nosso Ideal? O Caminho de Cristo. Não fiquemos ansiosos, mas esperemos no Senhor, sabendo que Ele é fiel ao que prometeu: "Eis que estou à porta e bato: se alguém ouvir a minha voz e abrir a porta, entrarei em sua casa e cearei com ele, e ele comigo."[2]

---

2. Apocalipse 3,20

Lição IV
A FÉ

"Tomando, sobretudo, o escudo da fé, com o qual podereis apagar todos os dardos inflamados do maligno."

Efésios 6,16

Afirmação

Crie em mim um coração puro, Ó Deus. Abre meu coração à fé que implantaste em todos os que buscam a Tua face. Corrige minha incredulidade em Ti, no meu próximo e em mim mesmo.

262-13

IV
A FÉ

[Baseado nas leituras de Edgar Cayce, de 262-13 a 262-17]

O que é fé?

Fé é uma qualidade da alma. Trata-se do conhecimento interior das Forças Criativas do universo. Assim como conhecemos o corpo físico por meio dos sentidos, assim conhecemos a alma através da ação das suas qualidades. A fé pode ser negada ou esquecida até que ela deixe de existir dentro da consciência da mente física. Ela pode ser reconhecida e exercitada até remover montanhas. Aquilo que entra na consciência através da atividade das forças espirituais, manifestando-se por meio da força espiritual do indivíduo, se torna a essência da própria fé, de onde muitos concluíram que a fé, a fé pura, aceita ou rejeita sem base na razão, além do alcance daquilo que é percebido — aquilo que o homem traz à sua atividade — através dos cinco sentidos.

Define Barnabé: "A fé é o firme fundamento das coisas que se esperam, a prova das coisas que não se vêem."[1] Quem tem fé sabe que já recebeu, age de acordo e não duvida de nada. A fé é o construtor do aparentemente impossível. Foi ela que trouxe à manifestação tudo o que sempre existiu. Deus é, a fé é. É a evidência da promessa cumprida por Deus. O privilégio divino do homem é aceitar, usar, desenvolver e desfrutar dos frutos da fé.

No mundo material, muitas vezes confundimos confiança com fé. Estamos inclinados a depender dos sentidos físicos, esquecendo-nos de que são fonte de enganos. Isto não é fé, mas confiança — pois a confiança vem por meio dos sentidos físicos. Quando surgem provas e desastres que aparentemente estão além do nosso controle, começamos a afundar, imediatamente entramos em desespero e gritamos: "Senhor, ajuda-me que pereço!" É então que aquela Voz responde: "Ó vós, homens de pouca fé!"[2]

Examinemos a nós mesmos e verifiquemos se estamos apegados à fé ou à confiança. Temos de analisar as coisas espirituais e partir de pontos de vista espirituais e aceitá-los num contexto espiritual.

---

1. L.P. Ver Hebreus 11,1   2. Lucas 12,28

Muitos dizem: "Nós temos fé", mas começam a explicar que ela se refere a coisas mentais e não às materiais. Nós dizemos: "Temos fé, mas..." — o que significa que existe dúvida, o oposto da fé. Lembre-se de que quando entramos neste plano material, ficamos sujeitos às leis materiais. É a incapacidade dos sentidos de perceber e entender plenamente estas leis que leva muitos a ter, de fato, pouquíssima fé.

Há, diante de nós, um mundo a ser entendido: os mistérios do universo, a lei do amor, o poder do pensamento e a inigualável dádiva da fé. Nós tropeçamos e hesitamos, mesmo quando temos a promessa divina: "Por causa da vossa pouca fé; porque em verdade vos digo que, se tiverdes fé como um grão de mostarda, direis a este monte: Passa daqui para acolá — e há de passar; e nada vos será impossível."[3] Com essas promessas não deveríamos proclamar em alta voz: "Senhor eu creio, ajuda a minha incredulidade"?[4]

A necessidade da fé

A fé é vitória, pois quando a fé é bem colocada não há fracasso, mas o verdadeiro sucesso. "Sê fiel até a morte e dar-te-ei a coroa da vida",[5] ou seja, estejas repleto de fé e como recompensa terás as glórias que coroam a vida. Sabemos que todo o desenvolvimento físico, mental e espiritual depende da nossa fé em Deus, no nosso semelhante e em nós mesmos. Nosso desenvolvimento terá a mesma medida da fé que colocamos em Deus e em nós mesmos. Por que não aceitar a palavra de Deus, deixando a nossa fé tornar-se viva ao agir de um modo que mostre ao mundo que sabemos que somos filhos de Deus? Não existe outro modo de chegar à verdadeira vitória.

Tenhamos mais fé em nosso semelhante. Podemos não concordar com ele, mas quem sabe se ele não está mais bem sintonizado com o plano divino do que se estivesse seguindo a nossa orientação? Convém lembrar que o nosso Ideal se manifesta por meio do nosso semelhante, bem como por nós mesmos; portanto, é preciso confiar nele, muito embora as aparências possam estar contra ele.

Ter fé em nós mesmos não é um privilégio, mas um dever. Somos cooperadores de Deus e, quando duvidamos de nós, duvidamos do Deus dentro de nós. Ele prometeu: "Não te deixarei nem te desampararei."[6] Lembre-se das palavras: "Tudo posso no Cristo que me fortalece."[7] Em nome Dele somos mais que vencedores. Só podemos esperar herdar o reino se tivermos a fé de uma criança na eterna presença do Cristo.

A fé é uma ponte que une o que se vê ao que não se vê. Muitas vezes é tudo o que nos resta quando tudo parece estar contra nós. Com isto em

---

3. Mateus 17,20   4. Marcos 9,24   5. Apocalipse 2,10   6. Hebreus 13,5
7. Filipenses 4,13

mente, quão diligentemente buscaríamos cultivar e buscar aumentar a fé quando tudo está bem, a fim de que ela possa ser uma fortaleza segura quando as tempestades da vida começarem a se abater sobre nós? Senhor, aumenta a nossa fé!

Como se desenvolve a fé

A fé é desenvolvida pelo uso. Ela não pode ser ensinada ou forçada, como tampouco pode ser destruída. Pelo exercício da fé, somos capazes de iluminar os outros.

Tenhamos o espírito de Jesus, o Cristo; então haverá fé suficiente para atender a cada necessidade, até mesmo a fé que remove montanhas, muda o destino das nações, sim, até mesmo traz mundos à existência. Acreditamos nisso? Então, como isso pode ser realizado? Basta abrir o coração na meditação para as forças invisíveis que cercam o trono da graça, da beleza e do poder, e, ao mesmo tempo, cercar-se com a proteção que provém do pensamento do Cristo. Assim podemos realizá-lo. (Ver 262-3.) Acrescentemos então à nossa fé as obras que sejam expressões do Espírito de Deus no mundo. Que a nossa fé se desenvolva assim e se torne para nós a evidência das coisas invisíveis. Temos de mostrar pelas ações cotidianas que acreditamos, que temos fé e que sabemos, ao usar o que temos, que muito mais nos será dado.

Em épocas de provações, pensemos na fé que sustentou outras pessoas em provações ainda maiores do que as nossas. Quando a dúvida aumentar na mente consciente, despertemos a fé, posicionando-nos acima dos gritos da carne. Acaso não somos filhos do Altíssimo? Apeguemo-nos firmemente a esta dádiva dada por Deus, que nos levará para cima no caminho da vida.

Ao estudar e viver a cooperação, ao usar o autoconhecimento que adquirimos, ao perseverar na fidelidade ao nosso ideal e ao não deixar nunca esmorecer a nossa fé, nós construímos, passo a passo, aquilo que se pode tornar a verdade viva na vida dos indivíduos com os quais entramos em contato. À medida que usamos o que sabemos, recebemos uma compreensão maior de como a fé pode aumentar e tornar-se uma coisa viva em nossa vida. Na vida cotidiana, tornamo-nos reflexos daquele a quem adoramos. Brilhe de tal modo a nossa luz que os outros, ao ver a luz em nós, possam glorificar a Deus.

Onde existe fé em abundância

Só o coração livre de amor egoísta pode obter uma fé que se manterá em todas as condições da vida. A fé tem de ser uma fé sustentadora, uma fé viva, uma fé que podemos sentir todos os dias e saber que é segura e firme. Quando existe a verdadeira fé não existe medo, pois, com fé no amor perene do Pai, que razão há para viver um só momento de ansiedade?

Cada passo do caminho se mostra a nós que temos fé, pois a palavra Dele é uma lâmpada a iluminar nossos passos. Quando o caminho é escuro e as barreiras parecem impossíveis de transpor, então a luz do Sol de justiça[8] brilha para nós que perseveramos nas promessas que Ele fez.

Quando existe a fé interior, temos a verdadeira liberdade e a confirmação de que não temos outro mestre salvo Jesus, o Cristo, e que somos protegidos pelos fortes braços do Pai. A sensação de segurança, de proteção e de paz que transcende o entendimento não se encontra em nenhum outro lugar. A fé é a promessa enviada antes para mostrar que já temos tudo o que pedirmos.

A necessidade da auto-análise

A solução de problemas mentais é mais importante para o homem do que a solução de problemas físicos, embora isto não pareça verdadeiro para o homem médio perdido nos caminhos tortuosos do materialismo. Libertem a mente e a batalha estará quase ganha. A angústia mental é muito maior do que a física, uma vez que a mente pode dominar a dor física, sendo porém necessário que as forças espirituais ajudem a mente que sofre.

Os selvagens adoram um deus que lhes enviará a chuva e a luz do sol e que os protegerá dos raios. Os filósofos buscam um deus que lhes dará paz à mente e à alma. Sabemos em quem acreditamos? Se soubermos, então o ideal ou padrão rumo ao qual caminhamos se tornará a base para a atividade da fé nas forças mentais, imaginativas e espirituais. Assim podemos expressar ou fazer manifestar-se aquilo que mantemos como nosso ideal — não para nos orgulharmos mas para mostrar as bênçãos que recebemos e para vê-las manifestadas na vida dos outros.

Olhemos para dentro de nós mesmos e reconheçamos que somos cooperadores de Deus. Devemos analisar a nós mesmos para descobrir onde a carne é fraca, onde tendemos a falhar, e depois buscar um reforço constante do espírito que nos manterá com fé inabalável no nosso Ideal.

Evidências da fé

"Quando o dia é escuro e o caminho sombrio, e ainda assim conseguimos continuar, é sinal de que existe fé. Quando o mar da vida é tempestuoso e

---

8. Ver Malaquias 4,2.

temos a coragem de andar em águas turbulentas, isto se deve à dádiva divina no âmago de nosso ser que está dizendo: 'Cala-te, aquieta-te',[9] pois 'Estou contigo e não te deixarei.'[10] Nós a ouvimos. Sempre poderemos ouvi-la, basta ter tempo para ouvir."

"Quando surgem as dúvidas e as nuvens do desespero se adensam, não clamamos à noite: 'Deus meu, Deus meu, por que me desamparaste?'[11] Acaso não chega a resposta? Não nos tornamos mais fortes por ter uma experiência que nos dá compreensão maior do irmão que sofre da mesma maneira?"

"Há alguns anos, eu estava com um grupo que visitava uma caverna famosa. Todos pareciam muito felizes. Depois de um curto período na caverna, fiquei com muito medo. Me veio o pensamento: 'Como seria terrível, como seria aterrador não conseguir encontrar o caminho de saída!' O próprio ar parecia fazer pressão contra mim. Eu me senti como se estivesse lá há séculos. Então ouvi a Voz que me tem apoiado tantas vezes: 'Eis que estou convosco todos os dias, até o fim do mundo.'[12] 'Sou eu, não temais.'[13] Com estas palavras minha fé se fortaleceu."

"Quando seres amados estão se debatendo na dor e não há possibilidade de ajuda mundana, não há provas de que a fé de nossos pais é verdadeira quando oramos e recebemos ajuda? Nos traz o maior conforto, não só em épocas de provação, mas em todas as horas, saber interiormente que as promessas Dele serão cumpridas."

A recompensa da fé

Nossas recompensas têm a medida da fé que manifestamos. "Seja-vos feito segundo a vossa fé."[14] "E tudo o que pedirdes em oração, crendo, o recebereis."[15] Não há limites para a recompensa. Cabe a nós medi-la e reclamá-la. "Colocai-me à prova... e vereis se eu não vos abro as janelas do céu, e não derramo sobre vós uma bênção tal, que dela vos advenha a maior abastança."[16]

Sejamos como canais abertos e tenhamos fé completa em Deus, pois a batalha é do Senhor. Resta ser visto o que podemos fazer quando nos entregamos sem reservas nas mãos do Pai. "E eu rogarei ao Pai e ele vos dará outro Consolador para que fique convosco para sempre; e quando vier aquele Espírito de verdade, ele vos guiará em toda a Verdade."[17]

"E que mais direi? Faltar-me-ia o tempo para contar de Gideão, de Barac, de Sansão, de Jefté, de David, de Samuel e dos profetas; os quais, pela fé,

---

9. Marcos, 4,39   10. L.P   11. Marcos 15,34   12. Ver Mateus 28,20
13. João 6,20   14. Mateus 9,29   15. Mateus 21,22   16. Malaquias 3,10
17. L.P. Ver João 14,16; 16,13

venceram reinos, praticaram a justiça, alcançaram promessas... E todos estes, tendo tido testemunho pela fé, não alcançaram a promessa: Provendo Deus alguma coisa melhor a nosso respeito, para que eles, sem nós, não fossem aperfeiçoados. Portanto, também nós, pois que estamos rodeados de uma tão grande nuvem de testemunhas, deixemos de lado todo o embaraço e o pecado, que tão de perto nos rodeia, e corramos com paciência a carreira que nos está proposta, olhando para Jesus, autor e consumador da nossa fé."[18]

---

18. Hebreus 11,32-33, 39-40; 12,1-2

Lição V
VIRTUDE E ENTENDIMENTO

"Quanto ao mais, irmãos, tudo o que é verdadeiro, tudo o que é honesto, tudo o que é justo, tudo o que é puro, tudo o que é amável, tudo o que é de boa fama, se há alguma virtude, e se há algum louvor, pensai nisso."

Filipenses 4,8

Afirmação
Que haja virtude e entendimento em mim, pois a minha defesa está em Ti, Ó Senhor, meu Redentor, pois Tu ouves a oração dos retos de coração.

262-17, A-14

V
VIRTUDE E ENTENDIMENTO

[Baseado nas leituras de Edgar Cayce, de 262-18 a 262-20]

Introdução

Ao definir virtude e entendimento, temos de nos lembrar de que estas palavras são usadas aqui no seu significado mais pleno como expressões ou atividades da alma ou das forças do espírito, não como conceitos mentais ou emocionais. Para estabelecer um conceito mínimo, digamos que é virtude aquilo que corresponde à pureza de nossos propósitos. A virtude é a colaboração plena que prepara o caminho para a iluminação e o aperfeiçoamento da humanidade. Virtude é mantermo-nos em sintonia com a Força Criativa, que nos permite conhecer a nós mesmos tal como somos conhecidos pelos outros. Virtude é apegar-se firmemente ao Ideal que está fixado Nele, o Senhor dos Senhores e Rei dos Reis. Virtude é pureza de coração, pureza de alma e pureza de espírito, que nos vem quando o Espírito Dele dá testemunho ao nosso espírito. Virtude é o amadurecimento da fé, a essência da esperança e o elemento que coroa a verdade — um atributo de Deus.

O verdadeiro entendimento está além da razão dos sentidos. Trata-se do poder de experimentar e interpretar as leis que governam a expressão da Força Criativa, ou de Deus, através dos corpos físico, mental e espiritual do ser humano. Onde houver virtude haverá entendimento, pois este segue àquela. O entendimento é a recompensa da virtude. Com a virtude, portanto, vem o entendimento, pois os dois são como o quadro e a moldura; eles se encaixam um no outro. O conhecimento nem sempre é entendimento. Diariamente, muitos vêem milagres que não entendem. Poucos que têm o mero conhecimento têm entendimento. O entendimento dos mistérios da vida só vem àqueles que se aproximam bastante do Trono. Podemos conhecer o curso das estrelas, as fórmulas intrincadas da matemática e os segredos da ciência, mas não poderemos entender as leis de Deus enquanto não tivermos experimentado aquela proximidade do Divino que nos leve a compreender que somos parte de Suas leis, e não meros observadores delas. Não houve milagre para aqueles que entenderam Estevão quando ele disse: "Eis que vejo os céus abertos e o filho do homem em pé à direita de Deus."[1] Para o Mestre não foi milagre quando Ele alimentou cinco mil pessoas com cinco pães e dois peixes, pois Ele entendia a lei do suprimento. Requer-se um entendimento da lei de Deus (amor) quando uma mensagem como esta é ouvida ainda hoje: "Eis que estou presente entre vós neste aposento — eu vos escolhi como vós me escolhestes. Segui o caminho que conheceis, mantende o rumo que tomastes, pois Ele é capaz de ajudar-vos em toda provação, e para os que forem fiéis dará a coroa da vida. Assim como sou elevado em vossa consciência, serei elevado na consciência dos outros."[2] Com tal entendimento vem um relacionamento mais sutil e sincero com os outros e um conceito espiritual mais elevado do eu. Unimos a virtude e o entendimento porque eles são expressões da atividade das forças da alma. A virtude embutida na mente é o único caminho seguro para alcançar o verdadeiro entendimento. O conhecimento ajuda quando está em harmonia e de acordo com o Ideal; caso contrário, ele pode tornar-se uma barreira, uma maldição e uma armadilha de onde é difícil escapar.

A virtude e o conhecimento são espirituais

Aqueles que buscam a virtude e o conhecimento têm de caminhar com Deus. Nunca caímos tão baixo que não sintamos ao mesmo tempo o anseio de olhar para cima e buscar algo mais elevado do que os nossos desejos egoístas. Muitas vezes basta uma canção, uma palavra gentil ou um ato amigável para fazer saltar o fogo da esperança e ouvir-se uma oração como "Senhor, tem piedade de mim, pecador!"

Só podemos ser considerados dignos de mostrar o caminho depois de termos caminhado com Ele, que foi tentado de todos os modos como nós, sem, no entanto, pecar.

Se o coração está aberto para a consciência que surge da fé Nele, não haverá mal-entendido, pois o poder do Espírito Santo sempre despertará em cada um aquilo que lhe cabia desde o início. O desejo da virtude e do entendimento já está dentro de nós. O espírito clama para o Espírito: "Purifica-me, lava-me! Devolve-me o meu primeiro estado, a minha virtude, o meu entendimento, ó meu Deus!" "Como o cervo clama pelas correntes das águas, assim suspira a minha alma por ti, ó Deus!"[3]

Que as nossas aspirações se expressem nas seguintes palavras:

> Ó Tu, centelha divina e celestial, viva em alguns, dormente em outros — Virtude, Entendimento, Força Criativa, Deus —, manifesta o Teu caminho no nosso coração e na nossa vida, assim te pedimos!

---

1. Atos 7,56   2. L.P.   3. Salmos 42,1

A virtude e o entendimento são essenciais para o reto viver

Ambos, virtude e entendimento, são essenciais para o reto viver, ou uma vida honesta. Eles são necessários para resolver os problemas da vida diária, bem como em nosso relacionamento com os outros. Queremos sinceramente que nossos padrões sejam corretos, mas ninguém pode escolher corretamente a menos que seja guiado pelo Espírito Santo. É difícil conhecer a causa original ou o resultado final de uma decisão que influencia outra. É possível não saber que provação ou tribulação podem ter levado um irmão a errar. Se soubermos, é porque nós mesmos passamos por uma tribulação semelhante. É então que os nossos padrões são avaliados por Aquele que mora dentro de nosso templo sagrado, e eles se adaptam perfeitamente ao Ideal mantido por nosso irmão menos afortunado. Não temos motivo para culpar ou para condenar.

A virtude e o entendimento são os requisitos para o trabalho espiritual. Não podemos dar o que não temos. Não podemos ensinar os outros a viver o que não vivemos. A menos que sejamos puros, como poderemos esperar que os outros o sejam? Nossas próprias palavras e ações nos condenam. Temos de ser e de saber antes de dirigir ou guiar corretamente os outros que estão em busca de um porto seguro.

Em cada um de nós existe o desejo de viver melhor a cada dia. Queremos alcançar um determinado objetivo. Se estamos escolhendo o mais elevado, o melhor, não nos satisfaremos com algo menor. É bom nos lembrar de que o mais elevado objetivo não é alcançado num único golpe, mas passo a passo — um pouco aqui, um pouco ali. É encorajador saber que nenhuma boa ação se perde, nem mesmo uma boa intenção; mas tudo é construído dentro da nossa própria alma e dará frutos, triplicados, quintuplicados e até mesmo centuplicados. É pelos atos, atos honestos, que subimos. "Subimos ao céu apoiando-nos no braço do irmão a quem ajudamos." (Ver 281-4.)

O caminho rumo à virtude e ao entendimento

É através da meditação e da oração que chegamos à virtude e ao entendimento. O acesso a todo entendimento tem de provir de um conceito apropriado de nossas necessidades nas fases física, mental e espiritual da vida. Esta é a abordagem do Mestre Jesus.

Outros podem apontar o caminho, mas acaso têm eles o entendimento e a virtude Daquele que disse: "Eu sou o caminho, a verdade e a vida. Ninguém vem ao Pai senão por mim"?[4] Ele proclamou que não existe outro caminho senão o que Ele trilhou. Ele viveu de tal modo que pôde dizer: "Segue-me."[5] O caminho está aberto para todos.

---

4. João 14,6   5. L.P. Ver João 21,22

Sabemos que estamos caminhando quando começamos a nos ver como os outros nos vêem, quando não permitimos que nenhum pensamento indelicado sobre nosso irmão se aloje no nosso coração, quando buscamos honestamente a pureza de coração, de espírito, de corpo e de alma.

O caminho é árduo e estreito, tão estreito que não podemos ter outra vontade que não a do Pai, não podemos ter outro propósito senão o de fazer as obras Dele, não podemos ter outro objetivo senão alcançar a Consciência de Cristo. Isto leva à virtude e ao entendimento. "Eu vos digo: Pedi e dar-se-vos-á; buscai e achareis; batei e abrir-se-vos-á."[6]

Experiências pessoais

"Eu encontrei o caminho. Ele passa pelo amor divino, e ele está aí para todos os que o desejarem. Rezei sete anos pelo amor divino. Trata-se de uma coisa viva dentro de mim, que me dá força para amar aos que me prejudicaram, me dá visão para ver o bem naqueles que fazem o mal. Está em mim o poder de cura. Dou graças por reconhecer o Deus dentro de mim que está me ajudando a expressar qualidades divinas."

Se quisermos ter virtude, comecemos pela fé — fé na pureza do eu, na perfeição de nosso irmão e nas promessas de Deus. A virtude é a recompensa da fé e o entendimento é a recompensa da virtude. Através da fé ergue-se o véu e podemos entrar em nós mesmos, dentro do Santo dos Santos, e ser transformados na imagem e semelhança do Filho de Deus.

"Eu não sentia que tinha a virtude necessária para uma vida correta. Depois de muito pensamento e meditação, me chegaram as palavras: 'A fé é a pedra fundamental.' Isso me ajudou, pois sabia que podia praticar a fé. Então comecei a dar graças pelo fato de eu, por meio da fé no Cristo, ter virtude, uma limpeza de corpo, alma e espírito. O entendimento veio a mim."

É preciso ter fé implícita em Deus e nas Suas promessas para que o poder purificador do Espírito se manifeste na nossa vida. Temos de ter plena fé em nosso irmão para ser tão puros quanto exigimos que ele seja. Temos de ter mais fé em nós mesmos e no poder do Espírito sempre pronto a se manifestar através de nós, para cumprir a obra que nos cabe. A menos que tenhamos fé, como podemos esperar ver as glórias de Deus? O que duvida está condenado. Só através da fé é que somos justificados, pois a crença em Deus nos é creditada como justiça.

---

6. Lucas 11,9

A virtude é uma defesa; o entendimento, uma arma

A virtude tem o poder dinâmico do Espírito Santo. Ela fortalece a qualidade espiritual do homem e engendra um conhecimento maior do Criador e uma fé maior Nele. Quanto mais abrirmos o coração para que seja um canal de bênçãos para os outros, mais poder possuiremos. Mantendo o canal aberto e pronto a ser usado, veremos o aparentemente impossível começar a acontecer e compreenderemos que nenhuma arma poderá nos atingir. Feliz aquele que está protegido por esta defesa inexpugnável: tendo em si a mesma pureza que exige dos outros.

A virtude é uma defesa contra todas as tentações de censurar, condenar ou criticar — pois com ela estamos olhando com olhos que buscam o que é puro. Vemos através dos vícios das outras almas, feitas à imagem do Criador. Sentimos que elas precisam do nosso amor e de nossa ajuda ao longo do caminho. Com a virtude interior, nunca retardamos o desenvolvimento dos outros.

Da mesma forma que com a virtude chega o entendimento, com o entendimento vem a luz divina. O entendimento é uma arma forte e provada, cuja lâmina nunca se quebra. Ele sempre foi uma arma na interminável guerra da verdade. Assim que o inimigo é conquistado, ele se torna ao mesmo tempo um aliado, pois curva-se respeitoso na presença de um poder que lhe dá o entendimento dos seus verdadeiros propósitos e intenções. Só com a virtude e o entendimento podemos nos erguer acima do tumulto da vida e, com o Mestre, passar pelo meio dele e prosseguir no caminho. Como isso é simples quando o entendemos! Como é maravilhoso quando somos puros no coração, na mente e no espírito!

Os efeitos da virtude e do entendimento em nós mesmos e nos outros

A virtude e o entendimento se relacionam sobretudo com nós mesmos e com o nosso relacionamento com as Forças Criativas. Eles se refletem no juízo que fazemos sobre os outros, pois a conduta é um reflexo dos pensamentos interiores. Pensar com nobreza é agir com nobreza. Pensar é um privilégio, contanto que pensemos com uma mente sintonizada com o ideal que se configurou no Cristo. Podemos comparar a construção diária de nós mesmos, mental, física e espiritualmente, com a construção de uma casa. Estamos escolhendo aquelas qualidades que nos ajudarão no desenvolvimento? Estamos deixando de lado as pedras imperfeitas, usando somente as boas? Estamos colocando-as no alinhamento certo? Estamos prontos a ser examinados pelo Inspetor divino? Se pudermos responder sim a estas questões, então estaremos apressando nosso desenvolvimento rumo a Deus. A qualidade da estrutura depende de nós e apenas de nós. Estamos construindo para nós uma cabana imunda ou um templo sagrado.

Nenhum homem vive para si mesmo. O modo como vivemos, agimos e pensamos não se reflete só em nós mesmos, mas também nos outros. Quando pomos em prática o amor, a compaixão, a justiça, a paciência e o perdão, os outros captam o mesmo espírito. Isto é exemplificado por alguém que entrou em contato com os que receberam limpeza espiritual. "Eles me tornaram melhor," ela disse, "me devolveram minha fé viva, instilaram em mim o desejo de compreender — que Deus vive e fala através dos homens. Eles me deram esperança e um novo interesse na vida. Antes de encontrá-los meu culto era formal; depois ele se tornou mais espiritual e eu comecei a procurar a alegria que eles pareciam possuir."

Finalmente, sabemos que passamos da morte para a vida porque amamos. Sabemos que agora uma nova vida nos percorre e que temos uma nova e estranha paz, que nos faz estar de acordo com a vontade divina. O que outrora desprezamos, agora nós cultivamos, e o mundo que antes cultivávamos agora deixa de nos atrair. Damos graças a Deus por este presente inenarrável do entendimento espiritual que agora é nosso por meio do poder purificador do Espírito Santo.

Que as palavras seguintes estejam sempre em nossos lábios:

Que haja virtude e entendimento em mim, pois a minha defesa está em Ti, Ó Senhor, meu Redentor, pois Tu ouves a oração dos retos de coração.

262-17, A-14

Lição VI
COMUNHÃO

"Mas se andarmos na luz, como ele está na luz, estamos em comunhão uns com os outros."

I João 1,7

Afirmação

Como é grande o Teu nome em toda a Terra, Ó Senhor! Para que eu tenha comunhão Contigo, preciso mostrar amor fraterno pelos meus semelhantes. Ainda que eu venha humilde, se tiver algo contra o meu irmão, a minha oração e a minha meditação não chegarão a Ti. Ajuda-me nos meus esforços para Te alcançar.

262-21

VI
COMUNHÃO

[Baseado nas leituras de Edgar Cayce, de 262-21 a 262-23]

Introdução

Ao nos preparar para a missão que nos aguarda, tornemo-nos mais conscientes do Espírito divino dentro de nós, para que possamos prosseguir. Enfrentemos as provações como homens e mulheres que têm um propósito em vista. Confiemos nas promessas Dele, pois, ao passo que nós somos muitas vezes fracos e egoístas — e o trabalho é imenso —, Ele nos fortalecerá o espírito e o coração com a presença de Seu Espírito Santo, para que não haja inatividade ou atraso da nossa parte.

Cada um tem dentro de si uma centelha do Divino que está sempre buscando sua fonte. À medida que desenvolvemos nossas forças espirituais, nossas forças anímicas interiores, transformamos essa centelha numa chama que traz a compreensão da nossa união e comunhão com o Criador de todas as coisas. Há nos nossos corações um desejo intenso por essa comunhão — um ímpeto que nos leva para cá e para lá em busca da felicidade e da satisfação rumo a Deus.

No início, todos tinham comunhão perfeita com o Pai, e no conhecimento e entendimento dessa comunhão os homens andavam e falavam com Deus. Mais uma vez, essa mesma comunhão é oferecida a todos, uma promessa do Pai através do Filho. É o reflexo dessa comunhão que se expressa no amor pelos nossos semelhantes, a quem sentimos que são um conosco no Todo oniabrangente. Quando manifestamos amor pelo irmão, aumentamos ou despertamos a nossa consciência para uma comunhão mais completa com o Pai, e compreendemos mais plenamente que Ele se move dentro dos outros do mesmo modo como se move dentro de nós. A fraternidade dos homens é um mero reflexo da comunhão com o Pai. É uma expressão verdadeira da comunhão espiritual.

Acaso sou o guardião do meu irmão?

Há milhões de anos surgiu a questão no coração do homem: "Acaso sou o guardião do meu irmão?"[1] E ela ainda está viva. Enquanto não for completamente respondida no nosso coração segundo a verdade de Deus e posta em prática na nossa vida, não podemos esperar ter a comunhão que é nossa herança por direito. Quando deixamos de alcançar "a marca da vocação do alto" que se realiza no serviço, nos esforçamos para nos justificar fazendo a mesma pergunta, só para receber a resposta: "A voz do sangue do teu irmão clama a mim desde a terra."[2] Não é de admirar que estejamos tristes, exilados e amedrontados a ponto de não conseguir agir. Não será por saber no coração que o pecado está à nossa porta?

"Vede como é grande o amor que o Pai nos tem concedido: que fôssemos chamados filhos de Deus."[3] Deus só dá amor a seus filhos e tem pena deles da mesma forma que um pai terreno tem pena de seus filhos. É só quando cortamos relações com o Amor divino por deixarmos de sofrer com nossos semelhantes, de carregar os fardos deles e de lhes perdoar, que ficamos em desarmonia com a única coisa que faz valer a pena — a comunhão com o Pai. Será que ainda não compreendemos isto?

Se queremos comungar com o Espírito interior e conhecer Sua face, sejamos amáveis e gentis, compassivos e amorosos com os menos favorecidos. Manifestar amor pelo irmão é manifestar amor por Deus, em quem "vivemos, nos movemos e existimos".[4]

É-nos imposto não só ignorar as faltas do nosso irmão, mas amá-lo apesar dessas faltas e mostrar tal fé no poder do Espírito dentro dele que ele captará nossa visão e em tempo virá compreender sua força e buscar elevar-se a planos mais elevados de consciência. Não devemos diminuí-lo nem levá-lo a subestimar a sua força; devemos muito mais ajudá-lo a entender a si mesmo e saber que tem um amigo que ficará a seu lado em tempo de necessidade — um amigo que lhe estenderá a mão se ele estiver prestes a cair em tentação. Isto resume todo o dever do homem para com o homem, do irmão para com o irmão e do homem para com seu Criador, "pois em verdade vos digo que, quando o fizestes a um destes meus pequeninos irmãos, a mim o fizestes."[5]

A prova é esta: Estamos dispostos a lidar com os outros assim como queremos que lidem conosco? Estejamos, pois, sempre unidos no serviço aos outros através da comunhão que temos Nele.

---

1. Gênese, 4,9   2. Gênese 4,10   3. I João 3,1   4. L. P. Ver Atos 17,28
5. Mateus 25,40

Nossa comunhão com Deus

Se quisermos saber qual a nossa situação diante de Deus, examinemos a nós mesmos para ver como nos sentimos diante do próximo. Esta comunhão com Deus que estamos buscando é encontrada na amabilidade que demonstramos pelo nosso irmão. É evidente que nossas ações, palavras e pensamentos indicam com bastante clareza nosso fracasso em buscar a comunhão com o Pai. Examinemos a nós mesmos para conhecer o que está enterrado em nossos corações e mentes e que pode nos estar cegando ou nos atando; e se tivermos algo contra o nosso irmão, oremos pelo perdão, sabendo que a misericórdia Dele é suficiente para todos.

Busquemos a Deus onde Ele pode ser encontrado, até mesmo no coração do próximo. Até que ponto conhecemos Deus? Tão bem quanto procuramos conhecer e entender nosso semelhante, e tão bem quanto procuramos ampliar a consciência divina nele. Procuramos ativamente o Divino nesta direção? Julgamos o nosso irmão pelas aparências ou pela reta justiça? Será que muitas vezes não deixamos de ver o motivo que pode tê-lo levado a agir mal? Será que compreendemos que bem no âmago do coração do nosso irmão existe enterrado um fogo celestial que queima para sempre diante do altar de Deus? Então busquemos por ele e, a despeito dos golpes que possamos receber, amemos a ele não pelo que parece ser, mas pelo que de fato é — não porque é humano e precisa da nossa compaixão, mas porque dentro dele está o Divino que merece a nossa adoração.

Não há nada de mais bonito do que a comunhão! O Mestre a buscou para que pudesse realizar as obras de Deus. Ele não se afastou dos homens, mas misturou-se com eles, compartilhando suas tristezas, vivendo suas vidas e aliviando os seus sofrimentos. Não poderemos imitá-lo, entretanto, a menos que moremos no Espírito que dá a força. "Eu sou a videira, vós as varas; quem está em mim, e eu nele, esse dá muito fruto; porque sem mim nada podeis fazer."[6] O Mestre ensinou que o amor e o serviço andam lado a lado. Que maior amor poderia Ele ter demonstrado do que entregar Sua vida no serviço por Seus semelhantes? No entanto, foi exatamente assim que o Mestre quis demonstrar o poder Dele sobre o pecado, a morte e a sepultura, para que os que buscam a vida possam conhecer o caminho. Possa o Espírito nos ajudar a servir e a ver em nosso próximo seu Eu Superior em todas as horas, em todos os lugares e sob todas as circunstâncias.

Se quisermos ter comunhão teremos de confiar nas promessas Dele e guardar Seus mandamentos, que não são penosos. O maior mandamento,

---

6. João 15,5

"Amai-vos uns aos outros", Ele chamou de mandamento novo; e ele ainda é novo para muitos dos Seus seguidores.

Afirmamos que queremos conhecer a Deus, mas será que estamos sendo sinceros? Se formos realmente sinceros, não estaremos ansiosos por sacrificar nossos desejos, opiniões e caprichos para que as maravilhas do conhecimento e do entendimento das obras do Criador, nosso Deus e Pai, nos sejam reveladas? Não estaríamos dispostos a suportar tudo para ser considerados dignos de compartilhar da glória a ser revelada àqueles que se entregaram totalmente ao serviço Dele? Como o caminho é fácil quando o eu se perde Nele! Como é fácil seguir sabendo que, quando usamos o que temos, mais nos será dado.

Lembramo-nos das palavras do Mestre para Simão: "Apascenta as minhas ovelhas."[7] Ninguém pode se aproximar do Pai com firmeza quando sente e sabe no seu coração que está em desarmonia com si mesmo ou com os outros. Estamos em desarmonia com nós mesmos quando carecemos de fé em nós mesmos ou quando minimizamos o poder de Deus dentro de nós e nos esquecemos de que todo poder no céu e na terra é nosso — se entrarmos em sintonia com a Fonte Infinita desse poder. Estamos em desarmonia com os outros quando pensamos neles como menos divinos do que nós ou como possuindo menos poder divino, amor e compaixão do que nós. Portanto, é necessário começar por nós, purificando o coração e a mente e tornando-nos mais conscientes do Espírito divino dentro dos outros. Isto é necessário para ter com o Pai uma comunhão que nos leve a compreender a nossa unidade com Ele.

A oração e a meditação são os fatores essenciais que manterão viva dentro de nós esta harmonia perfeita. Estamos buscando essa comunhão? Gostaríamos que Deus se aproximasse de nós? Se a resposta for afirmativa, cheguemos perto de Deus aproximando-nos com freqüência do Trono da Graça, com compaixão no coração.

"Enganoso é o coração, mais do que todas as coisas, e perverso",[8] isto é, o coração não regenerado, o coração que não conhece a limpeza do Espírito ou o despertar da presença de Deus. Busquemos em nosso coração. "Sabendo que, se o nosso coração nos condena, Deus é maior do que o nosso coração e conhece todas as coisas."[9] Ele conhece as nossas alegrias e tristezas; Ele sabe que tentamos melhorar, e, portanto, a despeito de nossos fracassos, mostra amor e compaixão. Se nosso coração não nos condena, temos fé em Deus, fé de que Ele manterá Suas promessas.

Estejamos sempre prontos a perdoar. Este é o modo como Deus lida conosco. Ele perdoou nossos pecados e apagou nossas transgressões. Quanto mais ainda devemos estar dispostos a perdoar os outros! Se os pensamentos,

---

7. L.P. Ver João 21,16   8. Jeremias 17,9   9. I João 3,20

atos ou feitos dos outros nos causaram dor, não os aumentemos em nossa mente nem os ponhamos na conta deles. Que nós, que proclamamos lealdade, carreguemos a cruz, visto que temos a promessa de obter a coroa. Ajudemos nosso semelhante com paciência e perseverança e mostremos a ele que o amor é algo vivo. Como foi grande o amor que o Pai nos dedicou para que pudéssemos divulgar Sua glória entre os homens!

Esforcemo-nos para ser gentis, acostumando-nos a ter consideração por aqueles que não pareçam apreciá-la. Sim, sejamos gentis até mesmo quando isso é muito difícil. Vale a pena tentar, não pela recompensa que esperamos dos outros, mas porque não podemos permitir que alguma coisa macule a comunhão que queremos ter com o Pai. Uma palavra dura pode não deixar um sofrimento duradouro no coração da outra pessoa, mas nos deixará fora de harmonia com tudo o que consideramos valer a pena, de modo que seus efeitos nos perseguirão durante muitos anos. Podemos demonstrar a maior gentileza através de pequenas ações. Aquele que diz uma palavra de consolo para os desalentados terá sua recompensa. Apesar de este ser um pequeno serviço, pode ajudar quando nada mais surte efeito. É impossível que uma boa ação se perca. Não cai uma semente ao solo sem o conhecimento do Pai. Bastou um copo de água oferecido ao Mestre cansado junto à fonte para que muitas pessoas da cidade viessem a saber mais sobre a água da vida. Não percamos a oportunidade de ajudar os sofredores, de derramar óleo sobre águas turbulentas ou de cumprir o mandamento: "Consolai, consolai o meu povo, diz o vosso Deus."[10]

Lembremo-nos de que teremos de prestar conta de todo pensamento vão; portanto, pensemos naquelas coisas que estimulam o amor fraterno. À medida que nos desenvolvemos, passo a passo, um pouco aqui, um pouco ali, aprendemos a demonstrar cooperação, nos familiarizamos mais com nós mesmos, confiamos mais plenamente em nosso Ideal, temos nossa fé fortalecida, obtemos virtude e entendimento e nos tornamos cada vez mais conscientes de nossa comunhão com o Pai e do nosso dever junto aos outros.

Comunhão com Deus:
A necessidade do mundo

A necessidade mais gritante para o homem de todas as eras foi a de entender a si mesmo, seu relacionamento com seu próximo e com seu Criador, e saber que eles são inseparáveis — pois são um. É impossível separar Deus de Suas criações, pois Ele se manifesta através delas.

---

10. Isaías 40,1

É impossível amar a Deus e odiar a nossos irmãos, cujas almas são feitas à imagem e semelhança de Deus. O amor e o ódio não podem conviver no mesmo coração. Um número demasiado grande de pessoas acha que a comunhão não é importante. Muitos são egoístas e não deixam que aquelas qualidades que refletem a comunhão assumam um lugar em nossas vidas. Se estivermos cometendo este erro, nós sabemos, nosso irmão sabe, e mais do que todos, o Pai também sabe. O mundo está mais pobre devido às pedras de tropeço que colocamos no caminho dos outros. Deste modo, não estamos bloqueando só o nosso próprio desenvolvimento, mas também o propósito mesmo pelo qual fomos criados.

A comunhão com Deus, do qual o mundo tanto precisa, não abarca simplesmente a gentileza e delicadeza com os amigos, mas também o amor pelos inimigos. Esse relacionamento com Deus nos fará igualmente ver que amar nossos inimigos não se resume simplesmente a manter a atitude correta para com eles, mas antes a ter no coração a vontade de que eles conheçam o Caminho. Em seus atos mais terríveis, conseguimos ver um poder bom usado para o mal. Esta atitude ajudará o mundo a entender melhor os obstáculos e provações dos outros, inclusive de outras nações, visto que a paz na terra e a boa vontade entre os homens têm de ser sentidas primeiro pelo indivíduo antes que possam se realizar entre as nações.

Com esse conhecimento da necessidade da comunhão, como conseguir manter um espírito de vingança, antipatia ou julgamento? Ousaríamos amarrar os outros pelos nossos pensamentos?

Amor e fraternidade, reflexos da comunhão com o Pai, instilados no coração e na vida de todos, trariam este mundo a tal estado de felicidade que o milênio estaria aqui com certeza. Seria bom examinar a nós mesmos a fim de sabermos se, como indivíduos, estamos fazendo plenamente a nossa parte. Estamos cumprindo a lei do amor por ricos e pobres, por nobres e plebeus, por santos e pecadores, por amigos e inimigos?

Não há lugar melhor para praticar o amor fraterno do que o lar. Apenas observe os seus efeitos sobre os membros da família. Se não pudermos responder amigavelmente em casa, será melhor nem responder. É muito melhor um pensamento de zanga morrer sem ser expresso do que ele matar o bem na vida de quem o manifesta e retardar o desenvolvimento da pessoa a quem é dirigido.

Deveres dos que mantêm a comunhão com o Pai

"Não fostes vós que escolhestes a mim; eu é que vos escolhi."[11] Na comunhão surge o dever para com os outros. Há certos laços a manter, certas

---

11. João 15,16

leis a serem entendidas e reverenciadas. "Quem subirá ao monte do Senhor, ou quem estará no seu lugar santo? Aquele que é limpo de mãos e puro de coração, que não entrega a alma à vaidade nem jura enganosamente."[12] Este terá comunhão com o Pai. Essas pessoas se comprazem com as leis Dele, as entendem e cumprem.

No entanto, muitos se queixam de que o caminho é árduo e de que as obrigações são muitas e difíceis de suportar. Acaso não seremos julgados pelo que sai de nossa boca? Não deveríamos de preferência aceitá-Lo e à Sua palavra e conhecer que Sua afirmação é verdadeira: "Porque o meu jugo é suave e o meu fardo é leve",[13] reconhecendo que Ele não nos dará um fardo mais pesado do que o que podemos suportar?

Alguém que buscou a comunhão contou sua experiência com estas palavras: "Tive uma visão. Nela descobri o que é ser egoísta. Eu me vi na escola da vida usando para meu próprio benefício o pouco alimento espiritual que eu tinha. Eu estava sentada num dos lados de uma montanha, comendo. Logo compreendi que o chão onde estava sentada estava começando a se rachar. Meu alimento também estava diminuindo rapidamente. Uma voz disse: 'A quem tiver, lhe será dado, e a quem não tiver, até o que parece ter lhe será tirado.'[14] De súbito, percebi o meu desamparo. Minha comida se fora, a terra estava cedendo e grandes vagalhões de água estavam para me tragar. Levantei e comecei a subir, lenta e laboriosamente. Busquei ansiosamente e aceitei a ajuda daqueles que eu antes achava que estavam em planos espirituais inferiores ao meu. Me vieram estas palavras: 'Tudo o que o homem semear, isso ele colherá',[15] e 'Tudo o que quereis que os homens vos façam, fazei-o também vós a eles.'[16]"

Nós nos tornamos aquilo que pensamos. O que somos, nós refletimos para o exterior. O que nós refletimos, os outros julgam que nós somos. Podemos nos enganar ao fazer uma auto-análise e os outros podem nos julgar mal, mas Deus olha nosso coração e sabe de tudo. Ele conhece nossos propósitos e aquilo em que somos capazes de nos transformar. O Mestre disse: "Pois eu te digo que tu és Pedro, e sobre esta pedra edificarei a minha igreja, e as portas do inferno não prevalecerão contra ela",[17] embora soubesse que Pedro em sua fraqueza o negaria. É nosso dever caminhar diante dos homens de tal modo que eles possam ver o bem dentro de nós e, assim, glorifiquem o Pai. É nosso dever estar sempre em guarda, senão perderemos a coragem quando chamados ao tribunal para dar uma razão para a fé que está em nós. Temos de cuidar para que nossa comunhão seja capaz de passar pela provação para que ninguém aponte o dedo com desprezo para nós e diga: "Hipócrita,

---

12. Salmos 24,3,4   13. Mateus 11,30   14. L. P. Ver Lucas 8,18
15. Gálatas 6,7   16. Mateus 7,12   17. Mateus 16,18

tuas próprias palavras te condenam!" E é nosso dever — aliás, nosso privilégio — "Demonstrar a todos qual seja a dispensação do mistério que desde os séculos esteve oculto em Deus, que tudo criou",[18] e que agora está sendo revelado.

A comunhão traz a paz que transcende o entendimento

Assim como tratamos os nossos semelhantes, esperamos ser tratados também. Que motivo temos para ter medo se obedecemos à Voz? Nos tornamos como criancinhas confiando no Doador de todo o bem e de dádivas perfeitas, e sabemos que Ele nos recompensará de acordo com Sua bondade e compaixão. "Muita paz têm todos os que amam a tua lei, e para eles não há tropeço."[19]

Onde devemos procurar esta paz? Quem trouxe as Plêiades à existência, ou criou as cintas de Órion, ou as águas das profundezas que são derramadas na terra, ou traz alento à vida de todas as Suas criaturas e providencia a união com aquelas Forças Criativas que criam a música das esferas? O Senhor é o Seu nome. Sob a sombra de Suas asas há paz e nenhum motivo para o medo. (Ver 262-23.)

Não deixemos que nada se interponha entre nós e o Pai, mas de preferência deixemos de lado as coisas que nos limitaram no passado e não deixemos que nada nos sobrecarregue enquanto continuamos a luta em seu Nome, dia após dia. Não sabemos e confiamos que "todas as coisas concorrem para o bem daqueles que amam a Deus, daqueles que são chamados por seu decreto?"[20] Pode haver coisas que não entendemos agora, mas podemos deixar essas coisas com segurança nas mãos do Pai, sabendo que Ele as revelará no devido tempo. Não deixemos entrar na mente nenhuma preocupação ou condenação que possam impedir a comunhão com o Pai. O tempo urge. "Quem é injusto, faça injustiça ainda; e quem está sujo, suje-se ainda; e quem é justo, faça justiça ainda; e quem é santo, seja santificado ainda."[21] Não cabe a nós julgar, mas trabalhar, servir e confiar plenamente nas promessas: "... e eis que eu estou convosco todos os dias, até a consumação dos séculos. Amém."[22] "Deixo-vos a paz, a minha paz vos dou; não vo-la dou como o mundo a dá. Não se turbe o vosso coração, nem se atemorize."[23]

Que a nossa meditação e oração sejam expressas nas seguintes palavras:

---

18. Efésios 3,9   19. Salmos 119,165   20. Romanos 8,28   21. Apocalipse 22,11
22. Mateus 28,20   23. João 14,27

Como é grande o Teu nome em toda a Terra, Ó Senhor! Para que eu tenha comunhão Contigo, preciso mostrar amor fraterno pelos meus semelhantes. Ainda que eu venha humilde, se tiver algo contra o meu irmão, a minha oração e a minha meditação não chegarão a Ti. Ajuda-me nos meus esforços para Te alcançar.

262-21

Lição VII
PACIÊNCIA

"Na paciência possuireis vossas almas."

Lucas 21,19

Afirmação

Como é bela a Tua presença na Terra, Ó Senhor!
Sê Tu o guia, para que com paciência nós possamos participar da corrida que está diante de nós, olhando para Ti, Autor e Doador da Luz.

262-24

VII
PACIÊNCIA

[Baseado nas leituras de Edgar Cayce, de 262-24 a 262-26]

Introdução

Deus é um Deus de paciência. Toda a natureza declara isto. Está escrito nas rochas, nas cavernas, nas montanhas e nos vales — sim, está escrito profundamente no coração da Terra. Não está menos impresso na alma dos homens. Ele mesmo se mostrou magnânimo, perseverante e disposto, esperando eras para que todos viessem ao conhecimento da luz.

A paciência é uma atividade da mente de Deus dentro de cada alma. Ela é expressa em pensamentos e ações físicas, mentais e espirituais. Por meio da paciência aprendemos a conhecer o eu, a avaliar e a testar nossos ideais, a usar a fé e a buscar o entendimento por meio da virtude. Sendo assim, todos os atributos espirituais estão contidos na paciência.

À medida que exercitamos a paciência, dia após dia, sabemos até que ponto pusemos em atividade as lições que aprendemos com as experiências passadas. A paciência coloca todas as virtudes em ação. Com paciência nos tornamos canais de bênçãos para os outros — servindo não da nossa maneira, mas da maneira Dele — não uma vez só, mas por quanto tempo houver necessidade do serviço.

O valor da paciência

A paciência é um teste para nosso desenvolvimento. Manifestada na vida diária, ela mostra se usamos ou abusamos das oportunidades apresentadas durante as experiências anteriores.

Como é grande o entendimento que resulta quando exercitamos esses atributos!

É graças à paciência que obtemos um entendimento melhor do Pai e do Seu relacionamento com Seus filhos. É por meio da paciência que obtemos um entendimento melhor das cruzes que temos de suportar dia após dia.

Aquele que não tem cruzes para carregar não mais está entre os filhos. Podemos ser chamados a carregar não só a nossa própria cruz, mas também a dos outros. Se quisermos nos aproximar do Trono, teremos de chegar apoiados no braço de um irmão ao qual tenhamos ajudado. Isso manifesta nosso relacionamento uns com os outros.

A paciência, como nenhuma outra coisa, resulta em crescimento. Às vezes conseguimos resolver problemas difíceis com tal facilidade que sentimos tê-los resolvido antes. Sem dúvida os resolvemos, vezes seguidas. Em outras ocasiões, não somos capazes de lidar com problemas nem de longe tão complexos. Por que temos essas experiências? Se deixarmos de vivê-las com o espírito correto e nos sentirmos abatidos, acaso não estaremos desempenhando o papel de fracotes? Quando compreendemos nossos erros, ficamos envergonhados por termos perdido o controle e resolvemos tirar proveito dos erros. Devido a essas experiências, sempre nos devemos ter na conta de felizes por suportá-las, e mais dispostos a esperar até que nos entendam melhor, e até que nós possamos entender melhor. As lições aprendidas por meio da paciência são aquelas que, no final, nos fortalecem e nos ajudam; então nos tornamos exemplo para os outros. Alguma coisa também acontece dentro de nós; ali fica escrito algo que a mão do tempo não pode apagar. Encontramos uma pérola de grande valor a ser instalada na alma, onde ficará por toda a eternidade!

Como a providência do Pai é boa! Ele nos dá a cada momento aquilo que somos capazes de usar. Não podemos usar logo o que não entendemos. "Ainda tenho muito que vos dizer, mas vós não o podeis suportar agora."[1] Quando fazemos a nossa parte para realizar as promessas Dele, mostrando ao nosso irmão que entendemos seus problemas e estamos prontos a ajudá-lo a suportá-los, tornamo-nos cada vez mais capazes de conhecer o amor do Pai e mais conscientes do nosso próprio crescimento.

A beleza da alma aparece na vida de um indivíduo paciente. A paciência surge para os que têm uma atitude constante, reverente por uma vida repleta de propósito. A fim de ter essa beleza na expressão da alma, é necessário esquecer-se de si mesmo. Não se trata de crescimento exterior, mas interior. Trata-se do resultado da introspecção, que é a base da meditação profunda. O amor se manifesta em cada palavra e ato, assim como se manifestava naqueles do Mestre. Assim, através da paciência, ampliemos Suas qualidades em nossas experiências. Não há nada a lamentar no exercício da paciência — e, se a perdermos, perderemos tudo. Estamos construindo para a eternidade. Os resultados nem sempre se manifestam logo.

Uma pessoa relata-nos a seguinte experiência: "Fui chamado a passar por uma grande provação. Meu estoque de paciência e perseverança parecia ficar cada vez menor à medida que os dias se passavam. Começando a compreen-

---

1. João 16,12

der, por fim, que eu era apenas um instrumento — um canal através do qual estava sendo manifestada a vontade de Deus —, minha força e minha coragem voltaram aos poucos até que, sem medo, enfrentei os assuntos em pauta e cheguei a um entendimento mais claro e melhor do problema. Valeu a pena ter esperado pacientemente e ter sentido a presença Dele."

Sua presença com paz é prometida a todos aqueles que, com paciência, suportam as cruzes que lhes são apresentadas dia após dia.

Meios para obter a paciência

Com paciência percebemos nossa presença diante do Trono. Busquemos então, com freqüência, despertar nosso eu interior. Com paciência, isso pode ser feito. Se perdemos o controle por falta de paciência, aquelas coisas que nos deixam com medo encontram uma porta aberta para entrar em nós. Ao esperar, temos a promessa de que a força Dele é suficiente. Não há perigo de derrota e não há motivo para o medo. Entretanto, é necessário estar em perfeita sintonia com o nosso ideal se quisermos possuir essa virtude tão necessária para o nosso crescimento espiritual. Podem acontecer muitas experiências embaraçosas que parecerão separar-nos do Criador, porém cada experiência traz sua recompensa. Enquanto buscamos, saibamos que o Consolador, que virá a nós em todos os tempos, está perto, e saibamos que nunca seremos deixados sós.

O entendimento de Suas leis virá, aos poucos, à medida que aplicarmos o que já sabemos. O desenvolvimento da paciência requer orações e uma constante observação de nós mesmos para não deixarmos escapar uma palavra zangada ou uma réplica irada que faça alguém tropeçar. Pensem nessas coisas. O egoísmo retarda a conquista da paciência. Reconhecer isso significa dar um passo corajoso, mas necessário, para ter paciência com os outros e com nós mesmos. Perca o eu Nele; encontre o eu no serviço. Perca o eu Nele: sinta-se um com o Pai. Cada passo é mágico, cada compreensão é divina quando todos os atos, pensamentos e palavras demonstram um tal espírito da paciência que os outros se esforçam para imitar o nosso exemplo. Esta é a experiência natural do coração que reconhece Deus em todos os outros.

Nas provações que surgem todos os dias, nossa paciência é posta à prova. Começamos a crescer quando superamos e deixamos para trás cada novo obstáculo. A submissão passiva não basta; a paciência tem de ser uma força ativa e crescente que se levanta para nos fazer enfrentar cada nova provação. O Senhor corrige aquele que ama e açoita qualquer um que recebe por filho; a corrupção não pode herdar a vida eterna, mas tem de ser queimada. Saibamos que o nosso Deus é um fogo que consome e tem de purificar todos os que quiserem ser um com Ele.[2]

Só com paciência conseguimos superar os problemas. Desenvolvemo-nos fazendo força, despendendo energia espiritual e, ao fazer isso, abrimos o caminho para Deus nos emprestar a força da Sua presença nas épocas de provação que todos têm de enfrentar.

Como ter uma vida mais perfeita que nos possibilite obter um entendimento melhor através da paciência? Usando aquilo que conhecemos dia a dia. O Espírito não nos chama a viver o que ainda não conhecemos e entendemos. A prática nos leva ao conhecimento e entendimento necessários ao próximo passo. Quando começar? Hoje, porque "Eis aqui, agora, o dia da salvação".[3] Entremos no reino por meio da fé e com paciência esperemos pela próxima etapa. Aqueles de nós que se tornam indignos de ser postos à prova são indignos de entrar no Reino.

É preciso paciência para participar da corrida

As Escrituras dizem que "a prova da vossa fé constrói paciência".[4] Dia após dia, passo a passo, faz-se a corrida. Quando achamos que a nossa paciência se exauriu totalmente, perdemos a paciência com nós mesmos. Que inferno a vida se transforma quando nos tornamos impacientes com nós mesmos! Como precisamos agir depressa para nos analisar e fazer as necessárias correções e ajustes! As influências interiores são mais fortes do que as exteriores; assim, o Eu Superior está sempre pronto a ajudar se estivermos de fato ansiosos para nos firmarmos na justiça. Que oportunidade de crescimento e de viver em intimidade com Ele! Vivamos apenas o hoje, como se a corrida tivesse terminado, a obra completada — como se do esforço deste dia dependesse a realização de todas as promessas Dele. Se quiséssemos que o Mestre, o Cristo, ceasse conosco hoje, o que teríamos a oferecer como frutos da nossa vida, de nossos pensamentos, de nossas palavras e de nossas ações?

A paciência é uma virtude que não tira férias. Temos de ser cuidadosos para que a maldade ou a censura não se infiltrem e nos façam perder tudo pelo que nos esforçamos tanto! A toda hora somos chamados a deixar de lado as coisas que impedem nosso progresso e a correr com paciência a corrida que nos foi destinada. A corrida tem de ser empreendida, pois ela significa a volta ao Pai. Sejamos gratos pelo fato de não ter de correr sozinhos. "Eu sou o caminho, a verdade e a vida. Ninguém vem ao Pai senão por mim."[5]

---

2. Ver Hebreus 12,6; I Coríntios 15,50; Deuteronômio 4,24   3. II Coríntios 6,2
4. Ver Tiago 1,3   5. João 14,6

Só a prática da paciência, com confiança Nele, nos possibilitará enfrentar todas as condições difíceis e ultrapassar cada nova barreira.

Experiências pessoais

"Quando obtive um entendimento da verdadeira cooperação necessária a cada atividade e esqueci o meu eu no serviço, então tive o conhecimento da presença Dele dentro de mim e cada vez mais demonstrei paciência — a paciência que alimenta a minha alma. Posso caminhar, trabalhar e esperar pacientemente no Espírito, sabendo que tudo está bem!"

A paciência é a pedra fundamental do desenvolvimento da alma. Além disso, ela é a sentinela postada na porta entre o corpo físico e a alma. Ela nos permite enfrentar a nossa fraqueza e, além disso, estimular o desenvolvimento de várias qualidades da alma — amor, fé e esperança. O que somos, o que fomos e o que pretendemos ser se manifestam melhor na paciência do que por meio de qualquer outra virtude. Ela mostra exatamente como passamos pela prova do passado; como as enfrentamos e vencemos, ou como caímos indefesos diante delas. A paciência mostra exatamente qual o grau do nosso desenvolvimento; mostra se estamos prontos a tolerar os outros e deixar passar seus fracassos, ou se temos o pensamento primitivo de que o nosso caminho é o único que leva à verdade e ao verdadeiro entendimento.

"Na vossa paciência possuireis vossas almas!"[6] "Pois que aproveitaria ao homem ganhar todo o mundo e perder a sua alma? Ou o que daria o homem em troca de sua alma?"[7] Quando temos essa dádiva sem preço, recebida das mãos do Pai, será mesmo necessário, para assegurar nossos direitos, dar a alma em troca do auto-engrandecimento?

Pode haver muito a suportar antes de ter o título de posse confirmado na mente; mas, por meio da paciência, em cada provação nos tornamos mais fortes para a seguinte. Perguntaram ao Mestre: "Senhor, até quantas vezes pecará meu irmão contra mim, e eu lhe perdoarei? Até sete?"[8] A resposta foi: "Não te digo que até sete, mas até setenta vezes sete!" Será que essa idéia está firme dentro de nós? Estaremos prontos a suportar e tolerar até o fim, ou prontos a retribuir insulto por insulto, golpe por golpe? E não estaremos, pela falta de controle, mostrando até que ponto estamos falhando em manter o padrão que estabelecemos para os outros? Temos muita coisa enterrada no fundo da alma, muita coisa que deveríamos saber. À medida que exercitarmos cada vez mais a paciência e pusermos em prática o que sabemos, cresceremos em graça, conhecimento e entendimento. Senhor, guia-nos na paciência de Cristo!

---

6. Lucas 21,19   7. Marcos 8,36-37   8. Mateus 18,21

Quando entendermos mais perfeitamente o que significa ser um canal de bênçãos para os outros e nos tornarmos mais conscientes da presença do Pai, teremos mais lugar para a paciência em nossa vida.

"Sede vós também pacientes; fortalecei vossos corações, porque a vinda do Senhor já está próxima."[9] Quando? Esta é a hora — hoje. Aproxima-se a hora em que cada um de nós se tornará mais consciente da necessidade de engrandecer Sua presença através da paciência demonstrada aos nossos semelhantes, a fim de que Ele possa ser glorificado em nós por meio da promessa do Pai. "Pois vos digo que, quando o fizestes a um destes meus pequeninos irmãos, a mim o fizestes."[10]

Façamos então esta oração:

> Como é bela a Tua presença na Terra, Ó Senhor! Sê Tu o guia, para que com paciência nós possamos participar da corrida que está diante de nós, olhando para Ti, Autor e Doador da Luz.
>
> 262-24

---

9. L.P. Ver Tiago 5,8   10. L.P. Ver Mateus 25,40-45

Lição VIII
A PORTA ABERTA

"Eis que estou à porta e bato: se alguém ouvir a minha voz e abrir a porta, entrarei em sua casa e cearemos juntos, eu com ele e ele comigo."
Apocalipse 3,20

Afirmação

Assim como o Pai me conhece, que eu conheça o Pai por meio do Espírito de Cristo, a porta para o reino do Pai. Mostra-me Tu o caminho.

262-27

VIII
A PORTA ABERTA

[Baseado nas leituras de Edgar Cayce, de 262-27 a 262-30]

Por que te encolhes, minha alma?
Acaso não sabes que a nova força só vem através da fé
E da fé renovada, da renovação dos esforços?
Como ousarias achar-te digno de captar
O mais tênue lampejo do Inefável,
Se não esticasses em todo o seu comprimento
A tua mão para abrir bem a porta?

[Sra. 2118, para esta lição]

Introdução

O reino de Deus, a glória da unidade do Infinito, é o destino eterno de cada alma, o derradeiro objetivo de toda entidade, independentemente do seu lugar ou posição no esquema aparentemente complexo das coisas. Cada um sente aquele desejo. Devido à ignorância e a mal-entendidos, muitos buscam somente satisfazer desejos egoístas, lutando, batalhando, por assim dizer, contra as leis inflexíveis que o Criador todo-esclarecido estabeleceu. Mas, por fim, cada alma em luta terá de enfrentar as realidades da vida e harmonizar sua vontade com a do Criador divino. Com isso vem a paz na compreensão de que "Eu e o Pai somos um".[1]

A porta do reino do Pai é a vida, o Espírito da vida, manifestado na Consciência de Cristo no mundo material. Ela é aberta somente pelos esforços de um indivíduo. Ao longo de todas as lições anteriores, deu-se ênfase ao despertar da Consciência de Cristo. Cada lição apresentou alguma qualidade da alma, alguma faculdade do eu interior que, se engrandecidas nas atividades conscientes do indivíduo dia após dia, acrescentarão algo e fortalecerão a expressão da alma através do homem físico. Podemos deixar de fazer estas perguntas? Quem de nós, então, aprendeu a cooperar verdadeiramente com os outros? Quem conheceu a si mesmo o suficiente para saber onde está em

---

1. João 10,30

relação com seus semelhantes? Quem fixou totalmente o ideal Nele? Quem engrandeceu a fé no Pai e no Filho, a ponto de ser considerado um homem de bem? Quem tem virtude e entendimento? Quem tem comunhão com o Pai? Quem com paciência tomou conta da própria alma?

O Espírito de Cristo é resultado da ação à semelhança de Cristo. Para cada pessoa, Ele chega como uma compreensão da atividade das forças da alma. Assim como o impulso criativo agita a semente da flor, da mesma forma a atividade da alma expressa através da cooperação, do conhecimento do eu, do ideal estabelecido Nele, da fé, da virtude, do entendimento e da paciência agita o indivíduo, e há crescimento para cima. Assim como a flor floresce no devido tempo, da mesma forma a alma do homem, por meio do Espírito de Cristo, chega ao seu pleno poder e glória.

A preparação de nós mesmos

A preparação para o caminho é uma preparação de nós mesmos. Cada um de nós é a porta pela qual Ele, o Caminho, pode entrar. "Eis que estou à porta e bato."[2] "Eu sou o caminho, a verdade e a vida."[3] Temos de trabalhar para trazer essa consciência, essa percepção da Sua presença, para os negócios materiais e mentais da vida. A lição sempre terá de ser a de que o espírito é a vida, a mente o construtor, e o plano físico o resultado.

Só quando nos rendermos completamente à ação do Espírito de Cristo poderemos dizer confiantes que a porta do reino interior está aberta. Todos os pensamentos egoístas têm de ser obliterados e substituídos pelo desejo de sermos usados por Ele na manifestação da sua vontade no mundo. Quando buscamos o bem do nosso irmão em vez de buscarmos o nosso próprio, podemos esperar nossa recompensa na proporção do bem que fazemos. Quando nos tornamos egocêntricos, sentimos finalmente que estamos sendo enganados na vida. É então que nos fechamos ao bem que poderíamos fazer, e ao mesmo tempo construímos uma barreira para o bem que poderia fluir em nossa direção.

À medida que buscamos conhecer o caminho, temos de ter o propósito sério de não pensar nos obstáculos criados pelo homem; devemos muito mais saber em que acreditamos e reconhecer que Ele deu vida a todas as coisas. Quando buscamos e sabemos disto, somos Dele. Ao escolher a Ele, Ele nos escolheu. Quando compreendemos que somos um com Ele, nos tornamos trabalhadores, mostrando aos outros a alegria, a paz e a felicidade que encontramos. Deixaremos de ser fiéis ao chamado que ele nos fez?

Por onde começar? Com o que tivermos à mão, o que construímos dia após dia; sem medo, vamos abrir a porta para que Ele possa entrar e morar

---

2. Apocalipse 3,20   3. João 14,6

conosco. A fé é o farol que ilumina o caminho para a porta aberta da casa do Pai. O serviço é a senha que nos admite ao salão do banquete. Vinde, benditos de meu Pai, entrai no reino preparado para vós — pois quando o fizestes a um destes meus pequeninos irmãos, a mim o fizestes.[4]

Temos de lutar com muitas forças conflitantes quando queremos ter fé e servir aos outros. O egoísmo e a sensibilidade afastam o Ideal de vista e impedem uma cooperação honesta com os nossos semelhantes na vida diária. Eles podem retardar nosso desenvolvimento, querendo nos fazer crer que nada vale a pena. Essas qualidades limitadoras podem até mesmo acarretar pensamentos de autodestruição. Só quando o eu é deixado de lado e se permite que o Espírito comande é que estamos de fato livres e seremos capazes de realizar qualquer coisa que seja de valor real, duradouro. Quando pensamentos de dúvida, carência e autocondenação começam a se infiltrar, a porta começa a se fechar cada vez mais, até que nem mesmo um raio de luz consegue entrar para iluminar o caminho. Não existe desespero mais terrível do que deixar esses pensamentos tomarem conta de nós. Estamos excluindo a luz e vivendo atrás de portas fechadas — fechadas para Deus e Sua bondade. É de admirar que onde imperam esses pensamentos haja suicidas, assassinos e pecados de todo o tipo? Acaso não há muita gente no mundo de hoje que está pronta a ser informada de um caminho mais perfeito? Através do serviço nós mostramos que, assim como Ele venceu o mundo e se tornou o Caminho, da mesma forma nós, que seguimos Suas pegadas, vencemos todas as coisas.

Como abrir a porta

Temos de abrir a porta para que o Cristo entre. À medida que nós, tendo como padrão a Consciência Crística, manifestarmos o amor Dele no dia-a-dia e no meio dos homens, abriremos a porta. É então que ouvimos o chamado do Espírito interior que está sempre pronto a comungar conosco. Ele não vem como um tufão, mas como uma Voz tranqüila e suave. Se ouvirmos e confiarmos, ela nos ensinará todas as coisas e nos recordará de tudo.

Se quisermos reconhecer esta grande Inteligência, este grande EU SOU que pede para entrar em todos os corações, devemos dar ouvidos a estas palavras: "Vós que dissestes o Nome, tornai conhecidas em vossas caminhadas diárias, em vossos atos, as lições que foram construídas na meditação e na oração."[5]

Um bom rei continuamente buscará ter contato com seus súditos para que possa entender as necessidades deles, e será rápido em recompensar a obediência especial às leis. E o Pai Celestial, que observa Seus filhos, não estará

---

4. Ver Mateus 25,40   5. L.P.

pronto a ajudá-los? No entanto, Deus exige que busquemos a Sua face e acreditemos que Ele existe, antes mesmo de Ele revelar a Si Mesmo. Temos de fazer esse esforço se quisermos abrir a porta para Seu reino. "E Eu serei o seu Deus, e eles serão o Meu povo."[6]

Qual é o caminho para o Pai? É através do Cristo (tendo a Consciência Crística) que chegamos ao Pai, abrimos a porta, vemos o caminho e ouvimos a Sua voz. Quando fechamos os nossos ouvidos às súplicas dos menos afortunados, fechamos a porta à presença Dele; pois, ao agir assim, não manifestamos a mente do Cristo. "E quando te vimos estrangeiro e te hospedamos? Ou nu, e te vestimos? E quando te vimos com fome e te demos de comer? Quando o fizeste a um destes meus pequeninos irmãos, a mim o fizestes."[7] Saibamos que, quando dizemos uma palavra amável ou aliviamos o fardo de um irmão, abrimos a porta para que Ele possa entrar, e através Dele passa o caminho para o reino do Pai; e não existe outro caminho.

À medida que buscamos engrandecer o Espírito Dele, saibamos que nós, também, nos tornamos portas através das quais os outros podem ser atraídos para o Caminho. Estamos vivendo num mundo material tridimensional; a espiritualidade que queremos refletir tem de ser expressa através do pensamento e da atividade material, se quisermos sinceramente alcançar e despertar os outros. O que ganharíamos se gritássemos do alto da casa coisas relativas ao amor fraterno e nos esquecêssemos das pequenas ações de gentileza ou dos sorrisos que iluminam os outros dia após dia?

Quando estamos conscientes da Consciência Crística interior, começamos a pôr em ação o Espírito de Cristo no exterior. Só o uso de nossas qualidades espirituais no dia-a-dia nos torna exemplos vivos, mostrando nossa sintonia com Ele; assim, não abrimos meramente a porta, mas, como canais, somos portas. Não nos esqueçamos, enquanto trabalhamos, de que os que encontramos ao longo do caminho são buscadores e também são o Israel do Senhor.

Como conhecer o Pai

Assim como o Pai nos conhece, também devemos conhecer o Pai. O Pai julga os nossos relacionamentos com nossos semelhantes. Assim como damos, nós recebemos; assim como julgamos, somos julgados; assim como perdoamos, seremos perdoados — não por causa da vontade do Pai, mas porque escolhemos que fosse assim, pelos nossos próprios atos, palavras e feitos. O prazer do Pai é dar a cada um de nós nada menos do que o reino. Conheceremos o Pai? Estiquemos as mãos com amor e simpatia aos irmãos desam-

---

6. L.P. Ver Hebreus 8,10; Levítico 26,12; Jeremias 30,22
7. L.P. Ver Mateus 25,38-40

parados e, à medida que nós os erguermos, seremos elevados também, inclusive nessa hora. Reconheçamos qual o grau de desenvolvimento de cada um, pois esse é o estágio necessário à sua experiência. Lembremo-nos de que Zaqueu subiu mais alto para ter uma visão melhor e assim, naquele dia, ele ceou com a Verdade.

Conhecemos o Pai ao manifestar as qualidades Dele na terra. Não esperamos alcançar tudo num dia, mas pouco a pouco, linha após linha, preceito após preceito, um pouco aqui, um pouco ali, até que cheguemos a conhecer cada vez mais o Pai.

À medida que nos perdermos Nele, desejando sinceramente pôr em prática a oração — "Não seja, porém, o que eu quero, mas o que tu queres, Ó Senhor",[8] assim compreendemos nossa unidade com o Cristo, a porta para o reino do Pai. Descobrimos que o Pai não é um Mestre arbitrário, um Mestre que exige nossos serviços, mas um Provedor onisciente, um Pai que entende todas as nossas necessidades. O salmista entendeu isto quando cantou: "Oh! Quanto amo a tua lei! É a minha meditação em todo o dia."[9] Teremos um novo conceito do Pai no momento em que tornarmos nossa a Sua vontade.

A grande necessidade do serviço

Somos guardiães do nosso irmão. Uma nova revelação está acontecendo. Uma nova ordem de coisas está nascendo. As coisas velhas estão acabando e eis que coisas novas estão para surgir. O homem está considerando sua relação com seus semelhantes como nunca antes o fez. Captemos com maior clareza a nota da compaixão e do amor ensinada pelo nosso Irmão Mais Velho e, em Seu Espírito, passemo-la adiante. Não fiquemos sentados a esperar até amanhã, mas aproveitemos esta oportunidade, este privilégio e esta promessa hoje. Que o egoísmo seja tragado pelo altruísmo.

Há uma grande necessidade de serviço. A água que não tem para onde correr se torna estagnada e impura. O autodesenvolvimento não é o único propósito do serviço. Há uma necessidade maior. Temos de cuidar para que, com ele, nosso irmão também chegue ao conhecimento da Luz. No serviço há responsabilidades, mas também há alegria. Podem chegar tempestades, mas é Ele quem aquieta as tempestades para nós. Ele traz descanso para os que estão cansados. Não importa quais sejam as provações, mantenhamos a fé. Que o eu seja tão sem valor que Ele, o Guia e o Líder, possa ser melhor entendido por aqueles que observam as nossas atividades. Ele é a Luz e, à medida que nos aproximamos Dele, o caminho fica mais claro.

---

8. Marcos 14,36   9. Ver Salmos 119,97

Se quisermos ser canais, temos de demonstrar na nossa vida o que pregamos. A cada dia escolhamos uma verdade, e vivamo-la primeiro para nós e depois para os outros, para que eles possam ver nossas boas obras à medida que pomos em prática aquilo que dizemos acreditar e ensinar. Isso dará certo. O Mestre disse: "Eis que estou convosco todos os dias, até a consumação dos séculos."[10]

O reino do Pai

Estar consciente da Consciência Crística interior é abrir caminho para que o Espírito de Cristo se manifeste na nossa vida. O caminho está aberto a todos os que buscam. As provações podem ser muitas, mas por meio do Espírito de Cristo seremos capazes de enfrentá-las. Existe uma consciência da Sua força, do Seu poder e atividade, e dessa consciência podemos extrair energia. Quando surgem dúvidas, é um chamado para a oração. Não deixemos persistir a dúvida, mas demos graças pelo fato de ser necessário apenas olhar para a frente e para cima para restaurar a fé na qual se baseia a nossa esperança.

A posse de um reino terreno vale a busca de uma vida. Não há só responsabilidade, mas honra na sua posse. Há certa satisfação em ver algo sendo realizado pelo eu e, talvez, para os outros. A posse do reino do Pai é muito maior — esse reino preparado para nós desde a fundação do mundo. O que pode impedir nosso caminho? Só o eu! Quando compreendermos isso, deixaremos o eu de lado e deixaremos o Espírito nos dirigir plenamente para aquela posse que nos cabe por direito; praticaremos assim a graça divina daquele que disse: "Foi-me dado todo o poder no céu e na terra."[11]

> Ficai tranqüilos, meus filhos! Abaixai a cabeça para que o Senhor do Caminho vos faça entender que fostes escolhidos para um serviço neste período em que é preciso que esse Espírito se manifeste na terra, para que o caminho possa ser conhecido por aqueles que buscam a Luz! Pois a glória do Pai será manifestada por vós que sois fiéis à vocação a que fostes chamados! Vós que dissestes o Nome, tornai-o conhecido na vossa caminhada diária pela vida, nos pequenos atos das lições que foram introduzidas na vossa experiência pessoal por meio das associações do eu na meditação e na oração, para que o caminho Dele seja conhecido entre os homens. Pois Ele chama a todos — aconteça o que acontecer — e Ele está à porta da vossa consciência para que saibais que o Cetro não partiu de Israel, nem Seus caminhos foram em vão. Hoje ouvireis, o caminho está aberto — Eu, Miguel, vos chamo!
>
> *262-27*

---

10. Mateus 28,20   11. Mateus 28,18

Inclinai vossas cabeças, ó filho dos homens, se quiserdes conhecer o Caminho. Porque Eu, Miguel, o Senhor do Caminho, vos advirto para não ficardes no caminho do vosso irmão, nem sentardes nos assentos dos zombeteiros, porém antes tornai conhecido esse amor, essa glória e esse poder em Seu nome, para que ninguém tenha medo: pois eu, Miguel, falei!

262-28

Ouvi! Ó vós, filhos dos homens! Inclinai vossas cabeças, filhos dos homens. Pois a glória do Senhor é vossa, se fordes fiéis à confiança que Ele depositou em cada um de vós!

Conhecei em quem acreditastes! Sabei que Ele é o Senhor de tudo e que a palavra Dele não falha, não para aqueles que são fiéis, dia após dia; pois Eu, Miguel, protegerei aqueles que buscarem conhecer Sua face!

262-29

Que a nossa oração seja expressa por meio destas palavras:

Assim como o Pai me conhece, que eu conheça o Pai por meio do Espírito de Cristo, a porta para o reino do Pai. Mostra-me Tu o caminho.

262-27

86

Lição IX
NA PRESENÇA DELE

"E andarei no meio de vós, e eu serei o vosso Deus, e vós sereis o meu povo."

Levítico 26,12

Afirmação

Pai Nosso que estás no céu, possa o Teu reino vir à Terra por meio da Tua presença em mim; possa a luz da Tua palavra brilhar sobre aqueles que eu encontrar dia após dia. Possa a Tua presença em meu irmão ser tal que eu consiga glorificar a Ti. Possa eu conduzir a minha vida de tal forma que os outros conheçam que a Tua presença mora comigo, e assim possam Te glorificar.

262-30, A-12

IX
NA PRESENÇA DELE

[Baseado nas leituras de Edgar Cayce, de 262-31 a 262-34]

"Levantai, ó portas, os vossos frontões,
Levantai-vos, ó entradas eternas,
Para que entre o Rei da Glória."[1]

Introdução

Nossos pensamentos, nossas palavras, nossas atividades e nossa visão geral da vida são motivados pelo conceito que temos Dele, a quem adoramos. Nossa vida interior e a reação a todos os ambientes e associações são expressões do que fizemos com o conhecimento e a consciência da presença Dele dentro de nós.

Quando pensamos na presença Dele como algo à parte, algo a ser experimentado ou algo que temos de perceber, então quando somos perturbados de alguma maneira, perdemos de vista o fato de que estar na sua presença pode ser a experiência, o conhecimento e o entendimento de todos os que querem obedecer às suas ordens. A presença Dele mora em nós sempre, pois é Nele que vivemos, nos movemos e temos o nosso ser. Temos de compreender este fato e chegar a saber e a entender que somos filhos de Deus.

Deus é Espírito e está por trás de tudo na criação. Deus é Um. Não podemos separá-Lo da Sua criação. Podemos tentar fazê-lo, mas ao fazê-lo nos tornamos duais, mistificados e confusos. Quando nos separamos ou pensamos estar separados do nosso Criador, somos como um barco sem leme.

A unidade é perene, mas é só através da nossa compreensão e do conhecimento da sua existência que a mudança ocorre em nós e a vida toma um novo aspecto. Somos agentes do livre-arbítrio. Deus não é uma pessoa no sentido em que pensamos nas pessoas; no entanto, para aqueles que buscam a Sua presença, Ele é muito pessoal. Ele é Deus para todos — e Pai para os que buscam.

---

1. Salmos 24,7

É a nossa unidade com o Pai que o Mestre enfatizou enquanto estava na terra num corpo físico, quando Ele declarou que por Si Mesmo nada podia fazer. Era o Pai dentro Dele que fazia as obras. Da mesma forma nós, para fazer as obras de Deus, temos de buscar ser sempre conscientes da Sua presença dentro de nós. Toda a orientação, ajuda, suprimento, alegria, paz e tudo o que faz a vida valer a pena está dentro de nós. "E eu vos digo: Pedi e dar-se-vos-á; buscai e achareis; batei e abrir-se-vos-á."[2]

Sabei, ó filhos dos homens, o Senhor vosso Deus é Um. Cada espírito, cada manifestação — nesta ou em qualquer outra esfera de desenvolvimento — caminha rumo ao conhecimento, ao entendimento e à concepção desse Um — Ele, Deus, Jeová, Yah — O Todo Um.

Somente quando ouvimos a tranqüila vozinha interior e sabemos que a Sua presença está conosco é que chegamos à compreensão de que somos um com Ele.

O conhecimento da Sua presença

É dentro da alma humana, a mais simples unidade de Deus (que o homem gostaria de tornar complexa), que O encontraremos morando. Quando sentimos a presença de Deus dentro e fora de nós, ficamos tranqüilos, eliminamos a ansiedade e ficamos conscientes de um poder renovador. O Espírito de Deus fala através da alma — das forças anímicas. Como saber disto? Temos de estudar e meditar até compreender que atitude adotar no que se refere à presença Dele. Os homens da Antiguidade disseram: "Tal ciência é para mim maravilhosíssima; tão alta que não a posso atingir."[3] Nós, também, às vezes sentimos que é fisicamente impossível atingir esse conhecimento. Mas não devemos aceitar a palavra de Deus e aceitar o Seu dom da graça, amor e compaixão? "Se algum de vós tem falta de sabedoria, peça-a a Deus, que a todos dá liberalmente, e não o lança em rosto, e ser-lhe-á dada."[4] "Porque eu, o Senhor, não mudo."[5]

Obscurecemos o conhecimento da Sua presença por considerá-la algo separado de nós. Não esmaguemos o espírito interior. Quando o espírito Dele der testemunho ao nosso espírito, não só nos entenderemos melhor como também chegaremos a uma compreensão maior do nosso irmão, do nosso amigo ou do nosso inimigo. Quando enfrentarmos sem medo qualquer trabalho que tenhamos à frente, confiemos em Seu cuidado, sabendo que a Sua presença nos cobrirá. A Luz brilhará na frente e nos apontará o caminho. Ele impedirá nossos pés de tropeçar e não permitirá que nenhum mal nos atinja.

---

2. Lucas 11,9   3. Salmos 139,6   4. Tiago 1,5   5. Malaquias 3,6

Possamos viver cada momento conscientes da Sua presença e deixemos que o nosso trabalho dê testemunho disso.

À medida que o eu for cada vez menos engrandecido e houver mais esperança e confiança em Sua Palavra, cada um de nós se tornará cada vez mais consciente da Sua presença interior. Todos os que quiserem conhecê-Lo têm de acreditar que Ele existe e dá recompensa àqueles que diligentemente O buscam. Quantas vezes lemos: "O Senhor é meu pastor: nada me faltará",[6] e duvidamos de que essa verdade aplica-se a nós. Ao submeter nossa vontade à orientação divina, chegamos passo a passo à compreensão de que Ele não negará as coisas boas àqueles que buscarem por Ele, àqueles que buscarem fazer a Sua vontade.

A preparação do eu

A compreensão de que estamos sempre na Sua presença nem sempre é fácil quando deixamos que as preocupações mundanas se infiltrem em nós e nos distraiam o corpo e a mente. Assim como estamos em vários estágios de crescimento, assim também estamos em diferentes estados de consciência. O que pode ser absolutamente necessário para a preparação do eu para um de nós, para outro pode ser secundário. Portanto, convém que todos observem o seguinte:

1. As leis do julgamento correto e da vida limpa.
2. Horas especiais para meditação e oração, para que sejamos fortalecidos durante os tempos de severas tentações e provações.
3. A compreensão de que Ele está sempre conosco, na tristeza ou na alegria; pois a mente é o construtor.
4. Padrões de conduta que façam com que os outros saibam que o que nossos lábios afirmam acreditar está de acordo com o que estabelecemos como o nosso ideal.

Devemos ser exemplos vivos do que professamos. Muitos seguem de longe e suas ações não estão de acordo com a Consciência Crística. Muitas vezes damos aos outros uma impressão errônea das qualidades Dele.

"Se me amardes, guardareis os meus mandamentos."[7] Quais são os Seus mandamentos? "Em verdade vos digo que, quando o fizestes a um destes meus pequeninos irmãos, a mim o fizestes."[8] "E virei outra vez e vos levarei comigo, para que, onde eu estiver [em consciência], estejais vós também."[9]

---

6. Salmos 23,1   7. João 14,15   8. L.P. Ver Mateus 25,40   9. João 14,3

Finalmente, quando moramos na presença Dele, embora possam aparecer provações de todo tipo e embora possamos derramar lágrimas por causa do rompimento das forças carnais interiores, o espírito ficará feliz, como Ele, que na hora da provação sorriu para aquele que O negou.

Lembremo-nos que, nos planos físico, mental e espiritual, nós refletimos continuamente o entendimento que temos da Sua presença. Estudemos para ser aprovados por Ele dia após dia; pois, ao fazer isto, a luz da Sua presença se mostrará em nossos preceitos, em nossos exemplos, em nossas palavras e em nossas obras.

Quando olharmos para o nosso semelhante, veremos que as atividades dele em qualquer esfera são expressões das atitudes que construiu com relação a Deus. A vida dele reflete o que ele cultua. Suas ações mostram o espírito que ele tem no interior. Ele não está usando a mesma medida para nós?

No corpo físico, a boa saúde é o reflexo da observação das leis da matéria. Até mesmo os pequenos detalhes envolvendo o cuidado com o corpo são importantes, pois estarão ou não de acordo com as leis que provocam um tipo mais refinado de expressão ou levam à desarmonia. O ambiente físico, o tipo de companhias procuradas e toda ação física expressam aos outros o nosso conceito de quão perto de Deus, da lei e do amor nós estamos.

Assim como as atividades do corpo refletem a força do homem físico, da mesma forma as atividades da mente refletem a força do corpo mental. A questão de controlar as ações físicas em parte é respondida pelas leis feitas pelos homens e pelos costumes; mas o problema de controlar os pensamentos, que podem ser verdadeiramente nocivos e estar fora de sintonia com o Infinito, é uma questão pessoal que deve ser resolvida pelo indivíduo. As vibrações do pensamento se irradiam, as palavras são ditas, os atos são realizados e levam aos outros as influências e as impressões do nosso entendimento de Deus.

Quão espiritualizada é a nossa vida? Quantas vezes buscamos entrar em contato com o Criador através da meditação e da oração? Nossas atitudes e nossa filosofia de vida se concentram num ideal espiritual? Os outros procuram por estes sinais e são influenciados por eles. Nós cremos, mas acaso expressamos nossa crença em palavras, pensamentos, atos e atitudes?

Como sentir a presença permanente

A consciência de que Ele caminha e fala conosco, e de que as promessas Dele estão sempre presentes, traz paz permanente. Isso provoca alegria no serviço, mesmo que exija sacrifícios cada vez maiores das forças carnais. A alegria não vem por meio do serviço que beneficia o eu. Aquele que serve por meio de palavras, pensamentos ou ações gentis, dá de si mesmo, assim com Ele, o Mestre, fez.

Com a compreensão de estar em Sua presença vem aquela paz que elimina todo medo e solidão. Surge o sentimento de que somos parte do esquema das coisas. Isso significa reconhecer o Deus dentro e fora de nós. Com esta compreensão, o caminho se torna mais fácil. Teremos mais consideração pelos outros. Deixaremos a condenação de lado e teremos o desejo de abençoar.

"Irá a minha presença contigo, para te fazer descansar."[10] A proteção do Espírito Santo é a promessa Dele, se formos fiéis. Quando usamos o que sabemos, sem esperar pelos resultados materiais antes de dar o passo seguinte, descobrimos que, quando menos esperamos, o que desejamos foi concedido. Somos filhos na fé, no conhecimento e no entendimento; temos de ser ensinados e disciplinados. Poderíamos confiar a uma criança o fio da vida? Da mesma forma Ele não pode nos confiar o poder divino até que, por meio do amor, da disciplina e da fé, venhamos a entender a lei divina. O Pai tem grande prazer em nos dar o reino. Ele é nosso somente quando aprendemos a possuir nossas almas através da paciência.

Experiências pessoais

"Fui preso sob uma falsa acusação. Na presença de oficiais implacáveis da lei, pensei nestas palavras: 'Se Deus é por nós, quem será contra nós?'[11] E então me lembrei das palavras do Mestre: 'Tende bom ânimo, não temais.'[12] A presença Dele era maior do que qualquer outra, e a situação, que tinha a aparência exterior de humilhação e vergonha, se transformou na glorificação do Seu nome na Terra. Minha consciência da grande necessidade da Sua presença me tornou mais consciente dela. Nele, na verdade, vivemos, nos movemos e temos o nosso ser. Cada pensamento, palavra, cada ato é uma oportunidade para divulgar a presença Dele. Sejamos, portanto, divulgadores de Deus."

"Pediram-me para dar uma palestra em público. O pedido foi tão repentino que não tive a oportunidade de me preparar. Fui tentado a dedicar meu período de meditação ao estudo do tema, mas o Espírito me proibiu, assegurando-me que Aquele que está dentro de nós é maior do que o que está fora. Concordei e, sem desperdiçar um pensamento sequer, apresentei-me diante da congregação. Nunca senti com tanta nitidez a presença do Espírito como nessa ocasião. As palavras me vieram com facilidade. Senti que uma mensagem de ajuda, inspiração e poder estava sendo transmitida através de mim. Não era eu, mas o Espírito interior que estava fazendo o trabalho. Os outros testemunharam que a mensagem tinha sido fora do comum, não apenas nas palavras, mas na força e na apresentação. Certamente somos fortes quando reconhece-

---

10. Êxodo 33,14   11. Romanos 8,31   12. Marcos 6,50

mos a nossa fraqueza e confiamos na Presença interior. Só quando nos esquecemos de Deus é que os problemas nos perturbam. Se hoje, neste período de provas, colocarmos nossa esperança de libertação nas mãos do Pai em vez de nas mãos dos homens, não deixaremos de sair em tudo mais que vencedores."

"Há dentro de mim o conhecimento de que a Presença Dele está permanentemente comigo, quase como se fosse parte de mim, como se não estivesse separada de mim. Através das armadilhas do dia, através das horas tranqüilas da noite, Ele sempre está perto. Quando os fardos da vida material estão pesados, se eu parar e ouvir, Ele me afirma que está comigo."

Lembremo-nos de que a nossa proteção está sempre na Sua presença

Não fiquemos com medo na presença do Criador. Ele está disposto a cumprir as promessas que fez aos Seus filhos e pronto a mostrar Seus caminhos para aqueles que quiserem buscar Sua face. O Deus que criou as belezas da natureza e estabeleceu as leis que governam a sinfonia harmoniosa do universo não poderia ter deixado parte de Sua criação sem orientação ou sem uma força mantenedora. O caminho é exemplificado pelo Filho, e há Forças universais sempre prontas a ajudar e a fortalecer aqueles que buscam viajar desse modo.

> Inclinai vossas cabeças, ó homens que buscam a Sua presença. Sede fortes em Seu poder. Não vacilai diante do vosso próprio fraco eu. Conhecei que vosso Redentor vive e que, neste dia, pode tornar Sua presença conhecida no vosso coração, ficando permanentemente convosco. Afastai do corpo a vossa consciência a fim de que ela não impeça a Sua entrada, pois Ele ceará convosco. Estás então, ó homem, disposto a tornar conhecida as tuas decisões? Serás um com Ele? O caminho que Eu guardo leva àquele da glória no poder do Senhor. Eu, Miguel, vos guiarei. Não desobedeçais. Não vacileis. Vós conheceis o caminho.
>
> *262-33*

Glorifiquemos o Senhor, não no eu e não com a sabedoria da Terra — sabendo que os que participam só com o mental podem facilmente tornar-se pedras de tropeço no caminho de muitos. Deixemos que o Espírito da Verdade que está no íntimo separe o joio do trigo para que possamos entrar no conhecimento da Sua presença e deixar de fora aquelas coisas que impediriam o caminho, provocariam dúvida ou de algum modo nos fariam ficar com medo. (Ver 262-32.)

Que seja esta a nossa oração:

> Pai nosso que estás no céu, possa o Teu reino vir à Terra por meio da Tua presença em mim; possa a luz da Tua palavra brilhar sobre aqueles que eu encontrar

dia após dia. Possa a Tua presença em meu irmão ser tal que eu consiga glorificar a Ti. Possa eu conduzir a minha vida de tal forma que os outros conheçam que a Tua presença mora comigo, e assim possam Te glorificar.

262-30, A-12

Venham! Que nossos corações se elevem em louvor e adoração ao maravilhoso amor que o Pai derrama sobre os filhos dos homens.

Venham! Que todos fiquemos felizes com as oportunidades que nos são dadas para servir dia após dia em Seu nome.

Venham! Fiquemos felizes com a verdade: "Quando o fizestes a um destes meus pequeninos irmãos, a mim o fizestes."[13] Que o amor do Filho cresça na nossa vida para que os outros saibam que as alegrias do serviço trazem paz e harmonia ao nosso coração.

Venham! Demos graças a Ele, pois faremos da vida e do corpo uma morada para o amor que o Pai manifesta pelos Seus filhos.

Venham! Abram espaço para o Seu Nome Sagrado, para que haja alegria nos corações dos homens com a vinda do Cristo nas vidas e experiências de muitos. (Ver 281-14.)

---

13. Mateus 25,40

Lição X
A CRUZ E A COROA

"Nada temas das coisas que hás de padecer. Eis que o diabo lançará alguns de vós na prisão para que sejais tentados; e tereis uma tribulação de dez dias. Sê fiel até a morte e eu te darei a coroa da vida."

Apocalipse 2,10

Afirmação

Pai nosso, nosso Deus: à medida que nos aproximamos do que pode nos dar um conhecimento melhor do que Ele suportou na cruz, da glória que Ele tem na coroa, possam Tuas bênçãos — como Ele prometeu — descer sobre nós quando estudamos juntos em Seu nome.

262-34

X
A CRUZ E A COROA

[Baseado nas leituras de Edgar Cayce, de 262-34 a 262-38]

Introdução

"E conhecereis a verdade,
e a verdade vos libertará."[1]

Se viermos a entender estas lições e aquilo a que estão levando, e se esperamos guiar os outros no caminho, será necessário analisar a nós mesmos quanto ao que é, ao que foi e ao que será a influência decisiva na nossa vida. Temos de descartar tudo o que cheire a egoísmo ou a satisfação dos desejos ligados às influências carnais na nossa vida.

Nas lições anteriores, foram apresentadas verdades que podem ser aplicadas na vida diária das pessoas. Ao estudar esta lição, "A Cruz e a Coroa", temos a oportunidade de assumir uma posição definida, se aceitarmos como nossa a seguinte decisão: "Porque nada me propus saber entre vós senão a Jesus Cristo e, este, crucificado."[2]

Sentimos que a cruz representa algo muito definido na vida de cada um de nós em nossas atividades pela Terra? O Espírito de Cristo apresentou a verdade em cada era, em cada clima, e chegou por fim à cruz. Ele triunfou sobre a morte, o inferno e a sepultura.

Escolhemos este caminho, não com uma atitude de estreiteza mental, mas com um lampejo da liberdade que ele traz — incorporando a luz e a verdade do Espírito eterno e universal do divino Criador.

Ao retomar o estudo desta lição, façamos uma pausa; e que cada um faça a si mesmo esta pergunta: "Por que escolhi o caminho da cruz?" Para mentes perturbadas e corações cansados, o caminho parece longo e árduo. Caminhos colaterais e desvios acenam convidativamente, mas o eu eterno não pode ser confortado por muito tempo com coisas que não o satisfazem, pois ele sempre é impulsionado para a frente rumo ao Eterno. Depois de passar por várias

---

1. João 8,32   2. I Coríntios 2,2

experiências no plano terreno chegamos por fim a reconhecer e aceitar o caminho Dele, o caminho do serviço, o caminho do sacrifício e o caminho do altruísmo. Chegamos a compreender que não existe outro caminho para atingir nosso derradeiro objetivo exceto aquele trilhado por Ele, que fez o supremo sacrifício para que pudéssemos encontrar nosso caminho de volta ao Pai. Chegamos a compreender que de fato não existe outro nome dado aos homens pelo qual eles possam ser salvos, exceto o Dele. O caminho da cruz que Ele escolheu nos levará para fora da nossa dissolução e nos dará a luz do entendimento do nosso verdadeiro propósito no mundo; então a cruz se tornará um símbolo daquilo que tem de ser suportado e transcendido na vida de todos. É natural que, à medida que estudamos, o propósito de nossas provações se torne mais aparente. Começamos a compreender que temos de nos superar se quisermos continuar; as coisas que no nosso coração impedem o nosso progresso têm de ser destruídas e deixadas de lado. Isso não é fácil de fazer sem a ajuda Dele. Ele, tendo percorrido todo o caminho, entende todas as nossas provações e tentações e, com amor, voluntariamente nos dá força.

"Eu sou o caminho, a verdade e a vida."[3] Nele está tudo e, quando aceitamos isto, o caminho fica tão plano que não há como tropeçar. Ele é, na verdade, a Luz que ilumina todo homem. Ele veio ao mundo entendendo as leis de todas as coisas visíveis e invisíveis e demonstrou Seu poder sobre todas as forças, até mesmo a morte. Ele mostrou que o caminho é um caminho de amor. Quando imitamos Seu exemplo carregando diariamente a nossa cruz, nosso desejo é o de cada vez mais ajudar os outros. Tomamos sobre nossos ombros, alegremente, os cuidados, os problemas e as cruzes daqueles com quem entramos em contato em nosso pequeno mundo. Sabemos que é por causa deste amor divino, que é assim manifestado em nossa vida, que podemos nos rejubilar por ser considerados dignos de escolher o caminho da cruz e sofrer pelo Seu nome.

Com nosso Ideal, o Cristo, temos a satisfação de saber que o acesso ao Pai está assegurado. Sabemos que o Seu Espírito está sempre dando testemunho ao nosso espírito de que somos herdeiros, e herdeiros junto com Ele. Existe uma consciência da Sua força, do Seu poder e da Sua atividade em cada elemento da ação.

Portanto, ao suportar as nossas cruzes, superamos aquelas condições que nos impediriam de enfrentar os assuntos da vida. Quando se compreende isto, a razão de escolhermos o caminho da cruz se torna evidente. Não escolhê-lo é reconhecer que entendemos mal os propósitos da vida e do caminho rumo

---

3. João 14,6

à compreensão da vida eterna. Quem aprendeu a obediência de outro modo a não ser pelo sofrimento?

Por que é preciso carregar uma cruz?
Por que uma cruz foi carregada por outra pessoa?

Nossas cruzes agora são criação nossa, assim como eram no princípio. O mundo estava perdido na ilusão do pensamento criativo, buscando reverter o processo da lei de Deus e encontrar satisfação nas formas mais baixas de vibração. Assim, somos confrontados diariamente pelas cruzes que surgem da nossa participação na ilusão dos sentidos. Quando encontramos repetidas vezes as sementes que semeamos, compreendemos que é somente superando-as que podemos esperar alcançar outra vez o estado de onde caímos. O renascimento é a oportunidade dada aos filhos dos homens para fazer isso. Cada vida se destaca, coroada com a oportunidade de se desenvolver pela superação; e essa oportunidade só é perdida através do egoísmo ou da satisfação da natureza carnal. Todos pecaram e ficaram afastados da glória de Deus. A lei tem de ser cumprida, quer mantendo-a nós mesmos, quer sob um orientador, ou do modo providenciado por Ele, que tomou sobre Si Mesmo o fardo do mundo.

Ele venceu o mundo por meio das experiências. Em cada experiência Ele carregou uma cruz, chegando à cruz final com todo poder e conhecimento. Ele aceitou a cruz, eliminando desta forma o assim chamado karma que tem de ser cumprido por todos. A lei imutável da causa e efeito é evidente hoje no mundo material, mental e espiritual; mas ao superar o mundo e a lei, Ele se tornou a lei. A lei, então, torna-se o professor ou a escola. Nós, que pronunciamos o Nome, não estamos mais sob a lei enquanto lei, mas sob a compaixão Dele — pois Nele, e com os desejos, pode ser feita a coordenação de todas as coisas.

Ao suportar a cruz, a carne é crucificada para que o Seu Espírito possa se manifestar no mundo. Cada obstáculo superado acrescenta força para superar o próximo. Aprendemos a superar tudo o que nos impede de nos tornarmos um com Ele. Isso se torna possível no serviço.

É maravilhoso saber que o estamos ajudando, através dos serviços que prestamos aos outros, a fazer conhecido o Seu propósito de levar a humanidade de volta ao Pai. Nunca perderemos enquanto dermos. Deus deu seu único Filho querido e recebeu de volta um Filho glorificado que mostrou ao mundo o caminho de volta ao Pai. Foi o Filho, com quem o Pai estava muito satisfeito, que Se deu inteiro, deu até mesmo Sua vida pelos irmãos. É preciso carregar a cruz para o nosso próprio desenvolvimento; contudo, é mais glorioso ter a oportunidade de carregar a cruz por amor Dele, por Ele, que tornou o caminho da fuga possível para nós.

Por que foi necessário que Ele, o Criador do céu e da terra, carregasse uma cruz?

A Força de Deus ficou aprisionada na matéria e o primeiro Adão caiu. Foi necessário, portanto, que a Força de Deus, o Criador, individualizasse a Si Mesma como um exemplo e, por superar o mundo, se tornasse a lei, a fim de que o homem encontrasse a saída. Assim, no último Adão todos são vivificados.

Ele, o Criador do céu e da terra, veio à terra e carregou a cruz para acrescentar as experiências e atividades dele às nossas. Seu propósito era e é o de levar os filhos dos homens de volta à compreensão de que eles são, na verdade, filhos de Deus e que estão em sintonia com o Pai.

Em Seu carregar a cruz, "Tudo está consumado"[4] no que diz respeito à superação da carne e das coisas mundanas. Ele pavimentou o caminho para Seus seguidores de todas as idades. Foi necessário que Ele, o Filho de Deus, o Cooperador do Criador, viesse à terra para demonstrar que a carne pode ser superada — dando assim glória ao Pai que fez os homens para Sua glória. Ele carregou a cruz da materialidade para poder mudá-la na cruz glorificada da espiritualidade. Ele deixou queimando nos corações dos Seus seguidores a declaração: "E eu, quando for levantado da terra, atrairei todos a mim"[5] e, outra vez: "Aquele que crê em mim também fará as obras que eu faço, e as fará maiores do que estas; porque eu vou para o meu Pai."[6]

Ele percorreu todo o caminho. Foi tentado de todos os modos, como nós, foi considerado um transgressor. "Mas ele foi ferido pelas nossas transgressões e moído pelas nossas iniquidades; o castigo que nos traz a paz estava sobre ele, e pelas suas pisaduras fomos sarados."[7] E em tudo Ele foi mais que vencedor. "Ninguém tem maior amor do que aquele que dá a vida pelos seus amigos. Vós sereis meus amigos se fizerdes o que eu vos mando. Já não vos chamarei servos, porque o servo não sabe o que faz o seu senhor; mas tenho-vos chamado amigos porque tudo quanto ouvi do meu Pai vos tenho feito conhecer. Não fostes vós que escolhestes a mim, mas eu escolhi a vós, e vos chamei para que vades e deis frutos, e o vosso fruto permaneça; a fim de que, tudo quanto em meu nome pedirdes ao Pai, ele vo-lo conceda."[8] Qual foi o objetivo da cruz? Para que serviu o supremo sacrifício? Para que, através da Sua força, chegássemos nós ao conhecimento e entendimento do caminho; para que fôssemos capazes de vencer todas as coisas e nos tornar reis e sacerdotes de Deus.

---

4. João 19,30   5. João 12,32   6. João 14,12   7. Isaías 53,5
8. João 15,13-16

Novamente, Seu caminho foi mostrar à humanidade o que o amor divino pode fazer e como é possível viver uma vida perfeita, destituída de mácula, em meio a todas as influências desintegradoras que nos cercam dia a dia. Em cada período de desenvolvimento através das eras, Ele andou e falou com os homens. Aqueles que entendem, sabem que sempre que há necessidade de despertar o homem, o Filho do Homem entra no plano terrestre. A cruz se tornou o emblema Daquele que ofereceu a Si Mesmo de Si Mesmo. Por isso, para isso Ele veio ao mundo, para que Ele Mesmo, vencendo o mundo, pudesse conquistar a coroa.

Por que Ele veio ao mundo como um homem que teria de carregar uma cruz?

Foi através do pensamento e da verdade Dele que o homem tomou forma física. A essência espiritual só poderia ser erguida, despertada do seu sono e posta no caminho do progresso espiritual através do plano físico. Eis a resposta: primeiro, por causa da Sua própria necessidade de vencer o mundo na manifestação material, e, segundo, devido à necessidade de a humanidade ter um guia, um mestre e um salvador. O primeiro se expressa no que segue: "Embora Filho, aprendeu a obediência por aquilo que padeceu,"[9] e a segunda é: "Eu sou o caminho, a verdade e a vida."[10]

Ele escolheu tomar sobre Si Mesmo a responsabilidade de superar a matéria e tornar-Se a Lei, cumprindo todas as exigências. Ao acrescentar as Suas experiências e atividades às nossas, Ele une o homem com Deus, levando o homem a uma sintonização mais perfeita com Deus e fazendo com que ele se torne consciente da Unidade de tudo. Ele veio para mostrar e ensinar a comunhão com Deus através do serviço aos outros.

Como homem, Ele conheceu as provações físicas — as dúvidas e medos, fraquezas e perturbações — dos seres espirituais presos em conchas de matéria. Ele mostrou Sua habilidade como homem para demonstrar ao homem a sua capacidade de, como homens, trazer a harmonia espiritual à vibração física. Ele sempre frisou a unidade de toda a força, demonstrando o relacionamento direto entre o homem e o Criador. Ele se encarnou para mostrar que nós, na carne, podemos nos tornar, como Ele, Deus em Espírito, e ensinou que devemos ser um assim como Ele e o Pai são um. Então este um, o Adão que entrou primeiro no mundo, tem de se tornar o Salvador do mundo. Ele recebeu a incumbência: "Crescei e multiplicai-vos, enchei a terra e sujeitai-a."[11]

Donde se conclui que ao primeiro Adão, ao último Adão, foi dado poder sobre a terra; e, como em cada alma, o primeiro a ser conquistado foi o eu.

---

9. Hebreus 5,8   10. João 14,6   11. Ver Gênese 1,28

Então todas as coisas, condições e elementos são sujeitos a Ele. Portanto, Ele tornou-se o Um que foi capaz de levar o mundo, a terra, de volta à fonte de onde ela veio. Todo poder lhe foi dado na terra que Ele venceu. O eu, a morte e o inferno se submeteram a Ele através da conquista do eu. "No princípio era o Verbo, e o Verbo estava com Deus, e o Verbo era Deus. Ele estava no princípio com Deus."[12] O Verbo veio e morou entre os homens, a prole do eu num mundo material. O Verbo venceu o mundo; de onde o mundo se tornou então o servo daquele Um que o venceu.

Por que nós, como indivíduos, necessariamente temos de suportar muito do que Ele suportou, e ainda dizemos que, quando tomamos o Seu jugo sobre nós, a cruz se torna mais leve?

Temos de suportar o que Ele suportou porque temos de percorrer o mesmo caminho para a perfeição que Ele percorreu. Ao longo desse caminho, há experiências pelas quais todos temos de passar para obter o poder e o conhecimento da superação. Assim como Ele tomou sobre Si Mesmo o fardo do mundo, nós também, em nosso pequeno mundo, temos de tomar sobre nós os fardos dos que estão à nossa volta. O fardo é mais leve porque o encargo é mais leve. Ele o suporta. Nós suportamos apenas uma parte.

Ao fazer isso, conhecemos o nosso verdadeiro propósito de glorificar o Criador e saber que, afinal, nossas cruzes são apenas mal-entendidos e aplicações errôneas das Suas leis. Para praticar e não pregar, exige-se força, poder e fé no Ideal. Só a experiência da superação pode nos dar o entendimento perfeito do que significa o sofrimento para o outro, sem no entanto nos rendermos — suportar e contermo-nos e, por tudo isso, amar e perdoar.

O fardo Dele é fácil de carregar porque Sua presença está permanentemente em nós, protegendo-nos e compartilhando conosco os fardos que de outro modo nos seriam pesados demais. Então, também, quando compreendemos o significado das nossas cruzes na Sua permanente presença, nossos sofrimentos se tornam lições de sabedoria, nossas perturbações se tornam mais tranqüilas e nos alegramos por ver que estamos crescendo, ficando cada vez mais semelhantes a Ele que, pelo caminho da cruz, tornou-se o Senhor dos senhores e o Rei dos reis.

Sua presença interior é uma reserva de força que nos leva a decidir-nos a nos comportar como homens, para lutar a batalha, vencer a corrida e receber a coroa. (Ver Samuel 4,9.) Nosso Advogado junto ao Pai mantém aberto o canal através do qual flui energia espiritual para nós, a fim de que possamos

---

12. João 1,1-2

nos tornar canais adequados para a transmissão da verdade aos outros. O entendimento espiritual traz o conhecimento de que a matéria é a ferramenta com que podemos moldar uma vida mais nobre à semelhança do Criador. A harmonia com a vontade Dele, a compreensão e aplicação das Suas leis, trará em todos os tempos a paz, a ausência de tumultos; a alegria em vez da tristeza; o amor no lugar do ódio; e a força no lugar da fraqueza.

Com a ajuda Dele e o conhecimento do Seu Espírito, dando testemunha ao nosso espírito, o jugo que somos chamados a suportar se torna, na verdade, fácil; e os fardos colocados sobre nossos ombros, na verdade, ficam leves.

A vida vivida de acordo com a nossa fé, com o nosso entendimento e a nossa caminhada na presença Dele explica por que cada alma tem de carregar uma cruz?

À medida que buscamos aplicar o que aprendemos nas lições anteriores ao lidar com as qualidades da alma que devem ser engrandecidas por meio da atividade diária, começamos a compreender que não estamos usando aqueles elementos essenciais ou qualidades. Compreendemos que carregamos a cruz porque ainda não aprendemos a dar expressão completa às nossas faculdades anímicas. Gradativamente, compreendemos quanto do eu interior nós acobertamos, deixamos de lado em troca do que consideramos os mais importantes desejos do eu consciente. Ao fazer isso, nós nos afastamos cada vez mais de Deus. Como seria bom começar a compreender que cada um cria a própria cruz.

Por outro lado, à medida que aprendemos e aplicamos estas qualidades da alma, vêm a alegria e a paz junto com a compreensão de que o eu interior está acordando e está sempre alerta para se expressar através do exercício da fé, da virtude e do entendimento. Nossos relacionamentos com os outros se tornam mais perfeitos e nosso ideal se fixa Nele. Vemos as nossas cruzes sob uma nova luz; começamos a captar um lampejo da glória da coroa. Compreendemos que somos, na verdade, uma parte do plano divino.

Por que foi escolhida a cruz em vez de alguma outra filosofia que pudesse correlacionar a vida material com a espiritual?

A cruz é o emblema do eu subjetivo d'Aquele que carregou o fardo do mundo. Ela foi escolhida, não por causa da personalidade do maior professor, Jesus o homem, mas para aplainar o caminho para o Pai, por meio de Jesus o Cristo. Ele é o símbolo da vida e dos ensinamentos d'Aquele que fez com que a alma dos homens se expressasse em todas as formas da verdade. Esta é parte da verdade do mundo para alguns, e é a verdade total para aqueles que a escolheram como estandarte. Ela responde toda questão da alma que estiver pronta para a luz e satisfaz o anseio do âmago do ser. Trata-se de um símbolo do caminho da verdade e da luz, universal em seu apelo e, no entanto, pessoal na sua aplicação. Ao buscar o Divino, tomamos Jesus Cristo como nosso Ideal, pois encontramos Nele a personificação de toda a verdade através das eras. Outros, talvez, apontem o caminho. Ele disse: "Eu sou o caminho."[13]

Por que a cruz, emblema da verdade, é necessária para os que buscam a coroa?

Consideramos a cruz um emblema da vergonha, pois espontaneamente compreendemos que é símbolo da oposição à Lei de Deus. Como no começo, o mau uso do poder que nos foi dado trouxe sofrimento a este mundo material. A cruz é o emblema da vergonha para aqueles que no mundo material julgam a partir das aparências. Ela representa humildade, não teimosia, ela simboliza o sofrimento, não represálias, representa a paciência, não a impetuosidade, simboliza o amor aos inimigos, e não o ódio, representa o perdão, não a condenação. Tudo isso tem de ser suportado na cruz para que a coroa possa ser colocada na fronte do herdeiro real e não na do usurpador, que nunca entenderia esses assuntos nem a rota do verdadeiro desenvolvimento. Quem clareou o caminho para a humanidade e disse a todos: "Todo aquele que fizer a vontade do meu Pai que está nos céus, este é meu irmão, irmã e mãe"?[14]

Ao carregar a cruz, conhecem o verdadeiro significado da coroa, a alegria de completar o trabalho e o sucesso que é a recompensa de uma corrida terminada. À medida que nos desenvolvemos dia a dia, a idéia da vergonha passa e vem a alegria de ser Um com Ele na grande obra de redimir a humanidade. Ela é, na verdade, um emblema da oportunidade, à medida que chegamos a ver cada vez mais a face do Mestre refletida em cada cruz que carregamos.

A cruz nem sempre é a cruz da vergonha. Na vida de Cristo, o Santo, o Filho de Deus, ela se tornou gloriosa por ter sido superada. O mesmo acontece conosco; cada cruz enfrentada, bravamente suportada e superada se torna radiante de luz e provoca em nós um entendimento mais perfeito do propósito da vida e da glória que pode haver na coroa da vida.

Uma cruz caiu sobre mim com grandes sombras escuras;
Ela obliterou o meu sol, a minha luz e calou minha canção;
Mas quando ergui os olhos pedindo ajuda, vi um Ser Radiante,
Que se inclinou para erguer minha pesada cruz — Era Cristo, o Filho Abençoado.[15]

---

13. João 14,6   14. Mateus, 12,50   15. L.P.

Por que eu, como uma alma no plano material, tenho de carregar uma cruz?

Esta é a pergunta que cada um de nós, individualmente, deve fazer a si mesmo, e a resposta de cada um determinará o seu estado espiritual. Esta é a medida do nosso desenvolvimento espiritual desde a queda do homem.

Sempre que analisam essa questão, muitos se afastam e deixam de andar no caminho. "Quereis vós, também, retirar-vos?"[16]

Será que não deveríamos responder: "Senhor, para onde iremos? Pois somente Vós tendes palavras de vida eterna." (Ver 262-35.) Fugiremos da cruz que temos de carregar, especialmente nesta época em que a humanidade está entrando no maior período de provações na história do mundo? As palavras do profeta parecem tilintar pelas eras. "Mas quem suportará o dia da sua vinda?"[17] Acaso não sabemos que serão somente aqueles cujos rins estão cingidos com a verdade? Quem será capaz de perseverar para assumir essa posição?

Como indivíduos no plano material, temos necessidade de suportar muitas coisas que coincidem com a Sua experiência terrena, e, ao reconhecer nossas obrigações como filhos do Deus vivo, como Ele fez, e aprendendo com Ele a lição da mansidão e humildade de coração, imitamos por meio do serviço e do sacrifício a vida que Ele viveu.

Sabendo que o propósito da vida é ser um com o Pai, temos de esperar para ver os resultados se manifestarem na matéria. Não há modo mais seguro de realização do que "continuar na luta"[18] à maneira do Cristo. Conquanto nossos esforços possam parecer errados aos olhos de todos, há um Poder que toma conta de nós nos momentos de aperto e ajusta toda situação. Quando confiamos nesse Poder, nossa força se renova.

Quando enfrentamos as cruzes, resistimos e superamos as tentações, nos tornamos herdeiros e herdeiros conjuntos com Ele da coroa da glória. Todos os que cumprirem o propósito para o qual foram chamados suportam suas cruzes sem tristeza, não se lamentando, mas com a alegria do Senhor.

Como um sinal para nós que carregamos nossas cruzes e as superamos, vem a habilidade de enfrentar outras cruzes ainda mais pesadas na alegria do Senhor e de nos rejubilar por termos sido considerados dignos.

Entremos para o serviço que pode ser nosso quinhão como canais de bênçãos para os outros. Ao fazer isso, tornamo-nos conscientes de que nossa vida está sendo usada do modo como Ele gostaria que a usássemos, e de que Sua presença está conosco. A porta está aberta. A virtude e o entendimento são postos em ação. A fé é renovada dia a dia, pois somos mais capazes de

---

16. L.P. Ver João 6,67   17. Malaquias 3,2   18. L.P. Ver também série 364 e série 5.7-59

entender as condições que surgem — seja no plano material, mental ou espiritual. O acesso ao Pai pode se tornar uma força cooperativa em qualquer esfera de atividade em que possamos nos engajar quando a serviço dos outros.

Não é em épocas ou estações determinadas ou em um certo lugar mas em todo lugar, todos os dias, a qualquer hora que devemos mostrar o Seu amor para todos aqueles com quem entramos em contato. Através da nossa vida, os outros podem vir a saber que Ele anda conosco e é nosso amigo. A que está condicionada a glória da coroa? À fidelidade.

Lição XI
O SENHOR TEU DEUS É UM

"Tens razão de dizer que há um só Deus, e que não há outro além dele."

Marcos 12,32

Afirmação

Como o meu corpo, a minha mente e a minha alma são uma só coisa, Vós, Ó Senhor, nas manifestações terrenas, sois único em poder, força e glória. Possa eu tentar ver, dia após dia, mais dessa compreensão, e possa eu manifestá-la mais.

262-38

XI
O SENHOR TEU DEUS É UM

[Baseado nas leituras de Edgar Cayce, de 262-38 a 262-42]

"Tu és Um, o primeiro de todos os números e a base de toda estrutura.
Tu és Um, e diante do mistério da Tua Unidade os sábios de coração ficam confusos,
Pois eles não sabem o que é.
Tu és Um, e Tua Unidade não pode ser aumentada nem diminuída;
Nela nada falta e nada sobra.
Tu és Um, mas não como uma unidade a ser
captada ou contada,
Pois número e mudança não Te alcançam.
Não és para ser visto, nem para ser imaginado de uma ou de outra maneira..."

S.I.G.

Introdução

A unidade talvez seja a mais difícil verdade que temos de compreender e manifestar, embora ela esteja evidente ao nosso redor. Pela boca de Seus profetas, o Criador lembra repetidamente a Seus escolhidos: "Ouve, ó Israel, o Senhor, Teu Deus, é o único Senhor."[1] No entanto, eles, como outras nações, foram em busca de outros deuses. Do modo mais simples e compreensível, o Criador revelou à Sua criação o poder, a glória e a força que lhe são próprias. "A palavra está junto de ti, na tua boca e no teu coração; esta é a palavra da fé, que pregamos."[2] Ela não está plantada apenas no coração, mas "Os céus manifestam a glória de Deus e o firmamento anuncia a obra das suas mãos. Um dia declara a outro dia e uma noite mostra sabedoria a outra noite. Sem linguagem, sem fala, ouvem-se as vozes."[3]

As manifestações de Deus são uma só coisa

No universo, todas as manifestações são de Deus e são unas com Ele. Nele elas vivem, se movem e têm sua existência. Esta Suprema Inteligência que se move pela terra se manifesta na mais minúscula molécula tão perfei-

---

1. Deuteronômio 6,4   2. Romanos 10,8   3. Salmos 19,1-3

tamente quanto num grande planeta. Como é maravilhoso compreender que só existe uma força, um poder, uma presença que é Deus, o Pai. Deus é Espírito. "Se subir ao céu, tu aí estás; e se fizer no inferno a minha casa, eis que tu ali estás também. Se tomar as asas da alva, se habitar nas extremidades do mar, até ali a tua mão me guiará e a tua destra me susterá."[4]

Como um pedregulho lançado ao lago provoca ondas que finalmente atingem a praia mais distante, da mesma forma os nossos atos, sejam eles bons ou maus, afetam os outros. Como no corpo, quando um membro é ferido, o todo sofre; assim, enquanto indivíduos, influenciamos o todo da sociedade.

Nossos corpos mental, físico e espiritual têm de ser consagrados como canais para forças espirituais, se quisermos compreender plenamente o nosso dever para com o todo e nos aplicarmos ao trabalho pela causa de Deus. O Pai não quer que ninguém pereça. Todos devem chegar ao conhecimento do seu relacionamento com Ele. Quando compreendemos isto, os obstáculos se transformam em tijolos de construção; nossos inimigos (impedimentos e fraquezas) se tornam meios através dos quais podemos conquistar coisas maiores.

Em meio aos torvelinhos do dia presente, se exercitarmos a paciência, a fé, as qualidades de Deus, teremos oportunidades sem paralelo de observar o Pai trabalhando através dos Seus filhos. Não é necessário ter grande visão ou experiência, mas apenas trabalhar com tranqüilidade e cuidado. Estas são coisas do espírito e se tornam provas para nós e para o mundo de que "Meu Pai trabalha até agora, e eu trabalho também."[5] A única coisa que pode nos separar dessa compreensão somos nós mesmos. Só nós podemos abrir ou fechar a porta.

Nós nunca devemos nos sentir separados de Deus ou de nossos semelhantes; pois o que afeta nosso próximo do outro lado do mundo nos afeta. O povo da Terra é uma única grande família. Devemos amar sem distinção, sabendo que Deus está em tudo. Ao nos tornarmos canais perfeitos para que a graça, a compaixão, a paz e o amor possam fluir através de nós, chegamos a compreender cada vez melhor a Unidade de toda a criação. Mantenhamos o coração aberto para que a voz Dele, que nos chamou, possa vivificar cada pensamento, cada ação. Seus caminhos não estão ocultos nem muito distantes, mas são manifestados para aqueles que quiserem ouvir e ver a glória da Unidade. O exercício da vontade é o método através do qual cada um de nós deve se preparar para ser um canal para as forças que podem ajudar na obtenção de um conceito maior da Unidade do Pai no plano material.

---

4. Salmos 139,8-10   5. João 5,17

Como chegar à compreensão da Unidade

Chegamos à consciência da Unidade por meio do próprio ato de acreditar, confiar, ter fé e compreender que todas as coisas materiais são espirituais na essência. O Mestre disse: "Não está escrito na vossa lei: Eu disse: Sois deuses?"[6] Não caberá a nós aceitá-Lo e à Sua palavra e fazer a nossa parte? Ó Vós que sois Deus, tornai-Vos presente em cada um de nós, perdoai-nos a nossa incredulidade! Oremos para compreender melhor a Sua presença. Ele é real, tanto quanto um irmão a nosso lado, e é fiel no cumprimento de Suas promessas. À medida que lutamos por essa compreensão, sejamos, momento a momento, conscientes de que em cada ato, cada palavra e ação Seu poder está se manifestando através de nós, e que não pode haver separação. Só nós mesmos podemos afastar as glórias que podem ser nossas mediante compreensão da unidade. Façamos com que nossas vidas, atividades, pensamentos e meditações estejam cada vez mais de acordo com a vontade do Pai, pois, ao fazer isso, nos tornamos mais semelhantes a Deus e menos egoístas, e menos as influências carnais entrarão nas nossas atividades. Então estaremos em condições de ensinar os outros e um poder se manifestará em nós; cada vez mais estaremos em paz e harmonia com as experiências que nos cabem através de nossas jornadas com Ele na meditação e na oração.

Como chegar à compreensão da Unidade? Aceitemos a palavra de Deus: "Lembrai-vos de que eu sou Deus, e não há outro Deus, não há outro semelhante a mim."[7] "Porque sem mim nada podeis fazer."[8] Ouçam a Voz e ajam de acordo. Aprendam as lições que a natureza ensina. Compreendam o poder dentro de nós que é a Força de Deus, a força do bem — embora nós, e nós apenas, por nossa vontade, possamos usá-la mal, tornando-a má. Se quisermos esperar no Senhor, Ele falará conosco e trará todas as coisas à nossa memória, até mesmo a compreensão de nossa unidade com Ele. Esforcemo-nos por ver Deus em cada indivíduo, bem como em cada coisa. Meditemos, oremos, ouçamos e acreditemos.

A sintonia através de Jesus, o Cristo

Um dos princípios básicos e essenciais dos ensinamentos de Jesus está contido na afirmação: "Eu e o meu Pai somos um."[9] É para a vida Dele como exemplo e Suas explicações da Força Criativa que temos de nos voltar com um sentimento de fé perfeita para o entendimento. Jesus demonstrou de maneira muito prática a Unidade de Deus relacionada com cada alma individual. Ele nos mostrou o que pode atingir um indivíduo que queira tornar sua vontade

---

6. João 10,34   7. L.P. Ver Isaías 46,9   8. João 15,5   9. João 10,30

uma com a do Pai. Ele nos prometeu que intercederia por nós, abrindo um caminho para todos os que se sentirem atraídos para o Pai.

Com a simplicidade de Sua vida e ensinamentos, Jesus traz à nossa compreensão o fato de que Deus está muito perto de nós, de que Ele está até mesmo dentro do nosso coração. Muito da beleza e da força da Sua filosofia de vida está no toque pessoal, na conexão direta que se estabelece entre o homem e o Criador.

Os anos de ministério de Jesus foram passados na demonstração prática da Sua consciência da Unidade da Força Criativa. Suas palavras e atos estavam de acordo com a lei que Ele entendia de forma perfeita. Quer fosse na encosta das montanhas ou na reclusão de um recanto tranquilo diante de uns poucos selecionados, Ele estava sempre explicando e demonstrando as verdades que Ele sabia tornariam os homens verdadeiramente livres. Ele percorrera o caminho e optou por guiar aqueles que também buscassem caminhar mais próximos do Criador.

Jesus aprendeu a obediência através do sofrimento. Ele conquistou o direito de ser o Mediador da humanidade; o direito de guiar aqueles que buscam em Seu nome. Se quisermos seguir o exemplo que Ele deu, chegaremos à compreensão desta verdade que Ele viveu e ensinou: "Ouve, ó Israel: o Senhor teu Deus é o único Senhor."[10]

À medida que procuramos nos sintonizar com Ele, temos de negar qualquer outra influência. Ele nos estimulará e nos dará a ajuda de que necessitamos. Há poder em Seu nome. Ele é o símbolo da conquista, do entendimento e da compreensão da lei universal de Deus (o amor). É força para os que são fracos, paz para corações e mentes atribulados. Ele é o Salvador de todos os que buscam a sintonização com Ele.

Busquemos cada vez mais compreender plenamente e mostrar pela prática que somos cooperadores de Deus — que cada um de nós, que cada uma das criaturas de Deus está ocupando seu nicho na grande Unidade. Do nosso ponto de vista, pode ser uma expressão muito pobre, mas Deus vê mais fundo em cada coração e sabe de todas as coisas.

A velha senhora que oferece sua erva simples para aliviar a dor da criancinha e o médico especializado que faz o melhor que pode para mitigar os males da humanidade estão tão em sintonia com Ele como o santo que, com um toque de amor, abre os olhos dos cegos. Cada um está fazendo a sua parte com o talento que lhe foi dado; cada um está trabalhando em seu próprio desenvolvimento à sua maneira, que é a manifestação da vontade Dele.

---

10. Deuteronômio 6,4

A plenitude da compreensão da Unidade do Pai foi trazida aos Seus filhos quando Jesus, o Cristo, enviou para o mundo o Espírito Santo. É o Espírito Santo que traz todas as coisas à nossa memória.

Experiências pessoais

"A verdade de que o Pai é Um com Seus filhos se demonstrou na minha vida muitas vezes, mas há dez anos houve um incidente que fez com que ela se destacasse com toda a clareza para mim, mais do que qualquer outra experiência que tive.

"Meu filhinho estava muito doente. Os médicos haviam feito tudo o que podiam para ajudá-lo, mas os esforços deles pareciam ter sido em vão.

"Estávamos morando perto de uma igreja. Meu filho, antes da doença, brincava e falava, dia após dia, com o velho sacristão. Vieram a ser grandes amigos e o velho o amava muito. Muitas vezes ele falou sobre como a criança lhe ensinara lições de perdão.

"Durante a doença do menino, certo dia o sacristão veio até nossa casa e pediu para vê-lo. Deixamos que entrasse no quarto. Ele tirou suas luvas de trabalho e as deixou de lado, ajoelhou-se ao lado da cama e, com o rosto voltado para cima, começou a conversar com Deus. Uma nova paz chegou ao meu coração. Soube que tudo estava bem. Foi necessário esse velho homem para me ensinar mais perfeitamente aquilo que eu já sabia: que o Pai trabalha com aqueles que cooperam com Ele, e através deles pode fazer milagres."

O embaixador de um país estrangeiro tem todos os direitos de seu país respeitados no país onde está em missão. Tem o poder de contar com seu país para protegê-lo e em nome do seu país pode exigir proteção em seu novo lar. Da mesma forma somos embaixadores na Terra, representantes do Rei dos reis, e enquanto estivermos aqui poderemos reclamar todo o poder e proteção do reino do qual viemos, desde que sejamos verdadeiros representantes e estivermos cumprindo a missão para a qual fomos enviados.

O presidente de um país pode irradiar uma mensagem para seu povo. A mensagem é para todos, mas apenas os que optarem por sintonizar a estação a ouvirão. Os que não entrarem em sintonia ainda assim são uma parte do todo, mas a sua negligência indica que são indignos do interesse que seu chefe tem por eles.

Deus não mudou. Ele busca despertar cada coração humano como antigamente. Nós é que nos fechamos à constante mensagem de amor do Cristo. Por meio da oração e da meditação podemos entrar em sintonia com uma compreensão e um entendimento mais claros, e receber o dom do Espírito que nos fará saber que "Eu e o Pai somos um".[11]

---

11. João 10,30

Deus se manifesta em tudo o que criou. Seja no plano material — como se demonstra pelo rádio; no reino mental, como na transmissão de pensamento; ou no despertar espiritual, como ele se manifesta nas assim-chamadas experiências religiosas —, toda substância é uma. A vibração pode variar do movimento lento da matéria até a velocidade invisível do pensamento. Só nossos pontos de percepção e entendimento mudam com o nosso desenvolvimento. Compreendemos que, embora possamos ser como alguém que captou somente o primeiro lampejo de luz na entrada de uma caverna escura, e que ainda tropeça cegamente em pedras perigosas e ao lado de despenhadeiros profundos, estamos sempre lutando para alcançar a luz da verdade.

Quando abrirmos o coração às Forças invisíveis que cercam o trono da graça, da compaixão e do poder, e nos envolvermos na proteção que se funda no pensamento do Cristo; à medida que permanecermos na luz dos ensinamentos Dele, de forma que cada palavra, pensamento e ato estejam em harmonia com o todo, nos tornaremos cada vez mais conscientes da Unidade. Então teremos o privilégio de ouvir a Sua voz e conhecer o conforto de Sua presença perene.

Conclusão

Nosso Deus é o Deus dos reinos mental, físico e espiritual. Não percamos de vista Sua atividade em cada plano e através de cada força. Nossos próprios desejos e vontades muitas vezes podem nos cegar para as verdadeiras exigências de uma expressão adequada em qualquer um desses planos ou em todos eles. Temos de nos examinar constantemente. Qualquer que seja o nosso plano de atividade, busquemos a mais perfeita expressão da Força de Deus. Cada átomo do nosso corpo físico deve vibrar em harmonia. Nossa mente deve estar em contato constante com aquilo que é estimulante e elevado, guiada e dirigida pelo propósito de atingir o ideal que está fixo Nele.

Não fiquemos desencorajados; é pouco a pouco, linha por linha, que crescemos em graça, conhecimento e entendimento dos seus caminhos. Eles não estão ocultos nem longínquos, mas são revelados apenas aos que quiserem ouvir e ver a glória da Unidade no Pai.

Examinemos a nós mesmos para ver quão sincero é nosso desejo de saber que o Senhor nosso Deus é Um. É suficiente ser ativo em vez de passivo? Para compreender esse conceito, temos de acreditar que Ele existe e recompensa os que buscam fazer a Sua vontade. Ele é vida. Temos de harmonizar os desejos, o coração, a mente e a alma com Ele, dando a conhecer a todos que o poder de Deus, através do Cristo, é capaz de nos fazer saber que "há um só Deus e que não há outro além dele; e que amá-lo de todo o coração, de todo o entendimento, de toda a alma e com toda a força, e amar o próximo como a si mesmo, é mais do que todos os holocaustos e sacrifícios juntos".[12]

Como o meu corpo, a minha mente e minha alma são uma só coisa, Vós, Ó Senhor, nas manifestações terrenas, sois único em poder, força e glória. Possa eu tentar ver, dia após dia, mais dessa compreensão, e possa eu manifestá-la mais.

262-38

---

12. Marcos 12,32-33

Lição XII
O AMOR

"Agora, pois, permanecem estes três: a fé, a esperança e o amor; mas o maior destes é o amor."

I Coríntios 13,13 [RV]

Afirmação

Pai nosso, pelo amor que manifestaste no mundo por meio do Teu Filho, o Cristo, faz-nos mais conscientes de que "Deus é amor".

262-43

XII
O AMOR

[Baseado nas leituras de Edgar Cayce, de 262-43 a 262-48]

Introdução

O amor é Deus. A lei toda cabe nestas quatro palavras. É urgente que a humanidade observe e cultive esta qualidade, pois é através do amor que a vida física se aperfeiçoa e a continuidade da vida se realiza. A vida é Força Criativa em ação e é expressão do amor.

O amor, o amor divino, é universal. Ele é encontrado no sorriso de um bebê — que na verdade é o amor imaculado —, na beleza de uma canção e na alma elevada em prece ao Doador da Luz. O amor se manifesta na execução do dever quando não se visa o lucro pessoal, no dizer palavras encorajadoras aos que buscam o entendimento e nas atividades daqueles que estão fazendo o melhor que podem com os talentos que lhes foram confiados. O amor pode ser encontrado num coração contente que esteja disposto a esperar que se cumpra o tempo até que o ideal possa ser realizado. O amor que transmite entendimento é encontrado na Sua Consciência.

O amor manifestado

É privilégio de cada alma descobrir a alegria de comungar com Deus na natureza; para cada criação existe uma unidade completa de expressão do Poder Criativo.

Cristo manifestou com perfeição o amor do Criador. Sua vida e ensinamentos inspiram a regeneração de toda a humanidade. Como filhos de Deus, podemos manifestar o amor de Deus se permitimos que Ele disponha à vontade da nossa vida. A alegria provém do serviço mesmo quando estamos sofrendo. O amor puro e imaculado é tão poderoso que os homens podem dar a sua vida pelos outros. O eu fica esquecido.

> Então venham, meus filhos! Apeguem-se ao que conquistaram em si mesmos para que possam vestir toda a armadura e ser fecundos no amor Dele, [que] conclama *todos* a ouvir, a saber e a entender que Deus está no céu e que Ele assegurou Seu amor até mesmo aos que endureceram seus corações; Ele não quer que ninguém

pereça; quer, antes, que o amor manifestado nas caminhadas diárias, nas atividades diárias de cada alma, seja revelado, esse amor que impele à doação de tudo o que está dentro do eu como uma manifestação Dele, o Mestre, que falou com você!

262-44

O poder do amor

O amor é a força que eleva e inspira a humanidade. As crianças morrem de fome sem ele. Homens e mulheres adoecem e decaem quando ele lhes falta. O amor não custa nada, e no entanto o seu valor não pode ser avaliado por padrões materiais. Ele pode levantar um ser humano enxovalhado do lodo do desespero e fazê-lo firmar os pés na rocha sólida da respeitabilidade e do serviço.

O amor é aquela força inexplicável que trouxe Jesus à terra para que por meio Dele o caminho de volta ao Pai se abrisse para os filhos dos homens. Ele fez o Pai dar Seu Filho para que todos os que acreditassem pudessem ter a vida eterna. O amor é essa força dinâmica que traz todas as coisas à manifestação. Trata-se de força curativa, de força purificadora e da força que abençoa todas as coisas em que tocamos. Com o coração repleto de amor, nós veremos bondade e pureza não só em cada pessoa, mas em tudo. No princípio o amor olhou a terra, viu que era boa e a abençoou.

Como o amor é Deus, ele é, portanto, o nosso suprimento abundante. Carecemos de amor? Amamos? Deixamos que as condições exteriores nos impeçam de compreender a presença de Deus? Nesse caso, como podemos esperar o fluxo da abundância quando estamos mantendo o canal bloqueado por nossos pensamentos e atitudes? Estamos impedindo o nosso próprio sucesso.

Quando surgem condições que parecem difíceis de suportar, se compreendermos que somos cooperadores de Deus e que cada condição exterior talvez não passe de um problema em nossa vida que tem de ser enfrentado e superado, poderemos parar e contar as bênçãos em vez de contar as dificuldades. Só com o coração repleto de amor — amor pelas condições, amor pelas pessoas, amor por Deus — podemos plenamente compreender isso. A vida é crescimento. Não é possível crescer em conhecimento e entendimento e de fato ser um canal de bênçãos enquanto não tivermos suportado e conquistado em nós mesmos exatamente as coisas que teremos de ajudar os outros a superar. O amor não deixa lugar para o ódio e não reconhece o mal, mas vê todas as coisas funcionando juntas para o bem. O poder do amor é ilimitado. Só nós podemos estabelecer os limites e laços. Podemos usá-lo construtiva ou egoisticamente. Podemos elevar nossos semelhantes ou destruir ideais, instigar revoltas e arruinar a civilização. Tudo depende de estarmos apaixonados por nós mesmos e dispostos a dar a vida pelos outros.

A prova do amor

"O amor é paciente; é benigno; (...) não se ensoberbece. Tudo sofre, tudo crê, tudo espera, tudo suporta."[1] Podemos dizer com confiança: "Porque estou certo de que nem a morte, nem a vida, nem os anjos, nem os principados, nem as potestades, nem o presente, nem o porvir, nem a altura, nem a profundidade, nem alguma outra criatura nos poderá separar do amor de Deus que está em Cristo Jesus, nosso Senhor."[2] O Mestre disse: "Um novo mandamento vos dou: que vos ameis uns aos outros. Como eu vos amei a vós, que também vós vos ameis uns aos outros."[3] "Ninguém tem maior amor do que aquele que dá a vida pelos amigos."[4] "Eu, porém, vos digo; amai os vossos inimigos, bendizei os que vos maldizem, fazei bem aos que vos odeiam e orai pelos que vos maltratam e vos perseguem, para que sejais filhos do vosso Pai que está nos céus; porque faz que o seu sol se levante sobre maus e bons e a chuva desça sobre justos e injustos."[5] Aquele que não ama seu inimigo nem mesmo começou a se desenvolver. O amor do Pai é um fio dourado que é tecido pelas Escrituras, que aumenta e se espalha até que toda a lei se resuma em "Deus amou o mundo de tal maneira que deu seu Filho unigênito, para que todo aquele que nele crê não pereça, mas tenha a vida eterna".[6] Cumprir a lei do amor é simplesmente mais do que amar aos que nos amam, pois ao fazer isto não alcançamos a mínima concepção do amor divino.

Amar é dar o melhor do que temos dentro de nós. Então, se o desprezo, a crítica, ou mesmo a suspeita nos afetarem, o amor não pode significar tudo em nossa existência. O Mestre nos pede que O amemos, que sigamos Seus mandamentos para que Ele possa ficar entre nós, da mesma forma que Ele mora com o Pai. Todos nos acreditamos, todos sabemos e todos entendemos que estas coisas que nos impedem são provocadas pelo egoísmo. Isso impede até mesmo o alvorecer do conceito do significado do amor para nós. Poucos encontraram o amor que nos torna de fato livres, que nos impede de fazer comentários mordazes e não nos deixa ficar decepcionados com coisas, pessoas e situações. Quanto estaremos dispostos a suportar, fazer e sofrer para que os outros se tornem conscientes do amor do Pai?

Amar é dar

A lei do amor não anula as outras leis, mas torna eficazes a lei da recompensa, a lei da fé, a lei das forças da terra — não deficientes, mas eficazes. O amor é aquele atributo da alma que nos permite dar sem pedir nada em troca. Cristo exemplificou isto na Sua vida, na Sua morte e na promessa que fez depois da ressurreição: "E eis que estou convosco, todos os dias, até a

---

1. I Coríntios 13,4-7   2. Romanos 8,38-39   3. L.P. Ver João 13,34   4. João 15,13
5. Mateus 5,44-45   6. João 3,16

consumação dos séculos."⁷ Se a humanidade pudesse ver o que significa amar como Ele ama, quanta paz haveria na terra!

Queremos o melhor para os outros antes que nossos próprios desejos e ambições sejam satisfeitos? Vemos o bem em todos os que encontramos? Este é o modo pelo qual Cristo demonstrou amor. Quando estamos fracos, Ele está pronto a simpatizar, a confortar e a dar força. Em Seu nome há poder. Se invocarmos o nome Dele e permanecermos em Seus ensinamentos, irradiaremos tal brilho de honestidade (reto pensar e agir) que aqueles que estão nas trevas verão grande luz.

Cuidemos das coisas do espírito, pois só elas são eternas. "Os filhos da Luz são chamados agora ao serviço para que o Seu dia seja apressado, senão muitos fraquejarão."⁸ Acaso não nos lembramos de anos e anos de serviços prestados à família e aos amigos, em que cada ato era tão praticado por amor que nunca havia um pensamento de cansaço? Quando lhes demos nossos melhores anos e já não somos necessários ou aparentemente apreciados, a tristeza enche nosso coração? Não nos esqueçamos de que esses serviços nunca se perdem, pois foram tecidos com amor nas almas daqueles por quem trabalhamos. O amor brilhará repetidas vezes nas vidas de muitos que ainda não nasceram. O amor nunca morre, ele é eterno.

O amor divino transmite entendimento

Indubitavelmente, a razão pela qual a humanidade não aceita totalmente o caminho da volta ao Pai, tornado perfeito por meio do Cristo, é que um amor tão grande quanto o que o Pai demonstrou pelos Seus filhos transcende o entendimento. Deus, o Pai, a Primeira Causa, nas manifestações do Eu trouxe o mundo, tal como o observamos em nós e ao nosso redor, à existência através do amor. Ele deu ao homem, Sua criação, capacidade de tornar-se um com Ele. Esse caminho foi mostrado através do Cristo, o Mediador entre o mundo e o Pai. De onde compreendemos que Deus amou tanto o mundo que deu Seu Filho unigênito para que, através Dele, pudéssemos ter a vida — Deus em abundância.

> ..."Vós que me conhecestes também conhecestes o meu Pai, pois Eu estou Nele e Ele em mim" — deveis saber que o amor faz a vida arder como uma brasa num mundo escuro e irrecuperável. "Pois todos os que querem encontrar o caminho têm de passar por mim. Eu sou o Caminho. Vós sois meus irmãos. Fostes nascidos na carne pelo amor manifestado na terra." Então, no espírito e na mente que vos trouxeram a esse entendimento e consciência das manifestações do Seu amor, permanecei dia após dia.

262-44

---

7. L.P. Ver Mateus 28,20   8. L.P.

Experiências pessoais

"Eu estava em busca de conhecer e experimentar esse amor que transcende entendimento. Logo descobri que, se eu quisesse amar, teria de conhecer a Ele, o Autor do Amor. O caminho me foi apontado: Comungue com mais freqüência no santuário interior, no Santo dos Santos. Encontre lá a presença do Pai; conheça o amor do Cristo em ação; experimente e sinta o poder do Espírito Santo."

"Na meditação, eu descobri a paz que andava buscando há meses. Ela não estava longe, mas muito, muito perto, inclusive dentro do meu coração. Vim a saber que o meu Redentor vive, que a Sua presença pode ser sentida e que o meu corpo, mente e alma podem ser um com Ele."

"Numa experiência difícil, busquei o amor divino. Compreendi cada vez mais a consciência da presença do Pai e o consolo de que estava sendo observado pelos anjos da guarda. A paz encheu minha alma. 'Nisto está o amor, não que amemos Deus, mas que Ele nos ama, e enviou Seu Filho para ser o redentor de nossos pecados'."[9]

"Descobri que, ao irradiar pensamentos de amor para qualquer pessoa ou coisa, todo o ambiente pode ser modificado. Certa noite, minha filha estava muito irritada. Não queria estudar nem obedecer a nenhum dos meus pedidos. Comecei a observá-la e a lhe enviar pensamentos de amor. Ela pareceu captá-los muito depressa, pois depois de alguns instantes o rosto dela se abriu em sorrisos, e sem mais problemas ela se aproximou da mesa e começou a estudar. Instantaneamente, toda a atitude dela mudou para uma atitude de obediência. Não se disse nenhuma palavra: o amor fez a conquista sozinho."

"A lei que trouxe mundos à existência é a mesma que nos torna amigos de todas as criaturas de Deus. Meus filhos gostavam demais de animais de estimação e estavam sempre prontos a adotar qualquer animal sem lar ou sem amigos. Minha experiência diz respeito a uma gata desamparada que fazia freqüentes visitas ao nosso quintal. Ela era tão arisca que fugia assim que visse ou ouvisse alguém se aproximar. Nós lhe deixávamos comida, mas ela tinha tanto medo que não nos deixava vê-la comendo.

"Graças à nossa constante dedicação e graças à demonstração do nosso amor por ela — pois sentíamos por ela amor e pena —, ela finalmente se esqueceu do medo e nos deixou acariciá-la. Se deixássemos, até entraria em casa. Foram necessários dois anos para conseguir isso, mas tivemos êxito. De fato, 'o amor expulsa o medo'."[10]

A força do amor pode atuar na vida dos indivíduos tanto no plano material como no espiritual, como se vê na seguinte experiência:

---

9. I João 4,10   10. Ver I João 4,18

"Alguém a quem eu amava muito estava precisando muito de ajuda financeira. Certa manhã, quando parecia que do ponto de vista material eu já estava no limite mínimo, ele veio a mim e me pediu um empréstimo de cem dólares. Senti como se ele estivesse me pedindo toda a minha fortuna, pois eu tinha pouco mais do que isso no banco e não sabia de onde seria capaz de tirar mais. A impressão que tive foi a de que eu era uma criança e que alguém me pedira minha última moeda, à qual eu queria muito.

"No meu dilema, me veio o pensamento de que eu não podia rejeitar meu amigo, mas deveria ir ao banco e dar-lhe o dinheiro, pois a sua perturbação mental superava o meu desejo de autopreservação. Em seguida, tive muitos pensamentos construtivos e outros conflitantes. Eu teria de sacar quase tudo o que eu tinha e dar ao outro? Caberia a mim fazer esse sacrifício? Por fim, compreendi o grande sacrifício feito por mim e o amor do Pai Celestial pelos Seus filhos. Meus pensamentos perturbadores desapareceram e obtive a paz. Pois Ele não prometeu: 'Não te deixarei nem te abandonarei?'[11]

"O poder do amor está moldando lentamente a vida de todos nós. Sei isso porque ele me ajuda cotidianamente a irradiar o amor de Deus e a viver de modo que Ele possa ser glorificado pelos meus serviços junto aos outros."

Conclusão

Vinde, meus filhos, pois todos fostes chamados para o caminho em que tereis de divulgar ao vosso próximo, aos vossos irmãos, que o Pai ama Seus filhos. Quem são os Seus filhos? Aqueles que guardarem diariamente os mandamentos Dele. Pois para aquele que for fiel e verdadeiro será dada a coroa da vida. A messe está madura, os trabalhadores são poucos. Não vos preocupeis porque algo *pareceu* perturbá-los, pois os caminhos estão sendo abertos para os que se mostrarem honestos e verdadeiros. Não deveis desfalecer, pois o dia do Senhor está perto, à porta.

262-47

Pai nosso, pelo amor que manifestaste no mundo por meio do Teu Filho, o Cristo, faz-nos mais conscientes de que "Deus é amor".

262-43

---

11. Hebreus 13,5

DEUS É AMOR

"Se eu falasse as línguas dos homens e dos anjos, mas não tivesse a caridade, seria um bronze que soa ou um sino que toca. E se tivesse o dom da profecia e conhecesse todos os mistérios e toda a ciência, e se eu tivesse toda a fé, a ponto de transportar montanhas, mas não tivesse a caridade, não seria nada. Ainda que distribuísse todos os meus bens para o sustento dos pobres e entregasse o meu corpo para ser queimado, se não tivesse caridade, isto não me serve de nada. A caridade é paciente; a caridade é bondade; não é invejosa; a caridade não é arrogante, nem orgulhosa. Ela não faz o que é inconveniente, não busca o seu interesse, não se irrita, nem se julga ofendida. Não se alegra com a injustiça, mas se alegra com a piedade. Ela tudo perdoa, tudo crê, tudo espera, tudo suporta. A caridade nunca passará. Pelo contrário, as profecias vão desaparecer; as línguas vão acabar; a ciência desaparecerá. Porque o nosso conhecimento é imperfeito e a nossa profecia também. Mas quando vier o que é perfeito, desaparecerá o que é imperfeito. Assim, quando eu era criança, falava como criança, sentia como criança, pensava como criança; mas quando me tornei homem, deixei as coisas de criança. Agora vemos por espelho, de maneira confusa, mas então será face a face. Agora conheço de modo imperfeito, mas então conhecerei como sou conhecido. Agora estas três coisas permanecem: a Fé, a Esperança e a Caridade. Mas a maior delas é a Caridade."

I Coríntios 13 [RV]

LIVRO II

LIVRO II

PREFÁCIO

A explicação para a compilação destas lições está no prefácio de *À Procura de Deus,* Livro I.

Afirmou-se que doze indivíduos (mais, no início do estudo) se dedicaram à missão de transmitir aos outros os princípios do desenvolvimento da alma, vindos através das leituras mediúnicas de Edgar Cayce.

Eles só puderam fazê-lo por meio da oração, da meditação e dedicando-se a viver cada ensinamento. Afinal, tinham de descobrir se essas lições eram úteis para suas vidas; nesse caso também o seriam para a vida dos outros.

O Caminho que se tornou perfeito pode ser visto no homem Jesus, que se tornou o Cristo; ao espiritualizar o corpo físico por superar os desejos da carne, Ele foi capaz de ressuscitá-lo.

> Conseqüentemente, quando se desenvolveu aquela primeira entidade de carne e sangue no planeta terrestre, Ele tornou-se *de fato* o Filho — por meio das coisas que experimentou nos diversos planos, à medida que o desenvolvimento chegou à posição de unidade que o homem chama de Triuno...
>
> Na materialidade, descobrimos que alguns evoluem mais depressa, alguns ficam mais fortes e outros ficam mais fracos. Até que venha a redenção pela aceitação da Lei (ou do amor de Deus tal como ele é manifestado através do Canal ou do Caminho), não pode haver desenvolvimento num plano material ou espiritual. Mas, antes, todos têm de passar pelo castigo, como Ele — que entrou para a materialidade.
>
> 5749-3

Neste curso de estudos, o excerto seguinte será útil para os que procuram um entendimento mais profundo.

> Ao apresentar o que poderá ser significativo na experiência de (todos), é bom levar em conta as condições existentes no mundo do pensamento, bem como as situações políticas e econômicas por todo o mundo — para haver uma aplicação prática da ressurreição de Jesus, o Cristo.
>
> A vida, a morte e a ressurreição de Jesus são fatos, no coração e na mente dos que estão aqui. A ressurreição de Jesus, o Cristo, é um fato importante para cada pessoa, de acordo com o modo como ele aplica o mesmo (visto que é significativo para ele) na vida diária e na convivência com o próximo.

Nesse caso, num mundo material — um mundo de ódio, de opiniões contraditórias —, qual é o rumo que cada um de vocês vai seguir nos relacionamentos com seus semelhantes?

Será o rumo determinado pela doutrina, pelos princípios que Ele, o Mestre dos mestres, ensinou sobre o modo de vida, da atividade que cada qual tem de exercer em seus negócios e relacionamentos com o próximo?

Nós sabemos, basta sermos lembrados disto, que a lei como um todo está Nele. Pois se Ele apresentou a base, o princípio da intenção, do desejo e do propósito que devem orientar nessa atividade, da mesma forma, no nosso próprio mundo — ao viver, falar e orar —, devemos deixar que os fatos aconteçam nesse ritmo, do modo e da maneira que Ele determinou, assim como Ele ensinou seus discípulos a orar.

Então, à medida que analisarmos essa oração na nossa experiência, veremos o que a vida, a morte e a ressurreição de Jesus, o Cristo — que é o caminho —, devem significar neste período da existência humana.

Não pensem que se pode zombar Dele, de Deus. O que o homem semeia, ele há de colher. Temos um exemplo disto na vida do Homem da Galiléia. Pois Nele todos vivemos, nos movemos e morremos. Portanto, Nele, todos nos tornamos vivos.

Deixem de lado o ódio, a maldade, o ciúme; deixem de tomar partido no que possa provocar discussão.

Prefiram ficar do lado do Senhor, sabendo que nenhum homem está em uma posição de força ou de poder salvo pela vontade do Pai, para que possa ser realizado o que Ele prometeu, por Ele e através do advento do homem Jesus no mundo material.

Em seguida, à medida que meditarem sobre o significado da ressurreição desse homem de Deus, saibam que o caminho está aberto para se aproximarem do trono de Deus; não como um pretexto, não como uma justificação, porém com amor, com harmonia, com o que traz esperança para um mundo doente devido ao pecado.

Toda pessoa, então, pode agir, viver, orar — em sua pequena esfera de atividade — de tal modo a provocar a paz e a harmonia até mesmo entre os que PARECEM estar em desacordo com a causa do Cristo no mundo material.

Não deixem que o seu coração se turve. Vocês acreditam em Deus; portanto, creiam Nele — que veio para trazer a paz e o caminho rumo ao Pai, comprovando-o com a vitória sobre a morte — que é como o pecado na existência humana.

E assim ele (o homem) possa amar o Senhor com todo o coração e ao seu próximo como a si mesmo.

5749-12

NOTA:

Os números ao pé de cada página, ou no final das citações, são números de arquivo das leituras mediúnicas de Edgar Cayce. As leituras originais estão sob a custódia da Fundação Edgar Cayce, em Virginia Beach, Va.

As referências bíblicas foram tiradas da versão bíblica do Rei James.

E.P. se refere a uma experiência pessoal.

L.M. se refere a uma leitura mediúnica.

Lição I
OPORTUNIDADE

Afirmação*

Ao buscar exaltar o Teu Nome, a Tua Glória, que manifestas em mim, Ó Senhor, sejas Tu o Guia e — dia a dia, à medida que surge a oportunidade — deixa que minhas mãos, minha mente, meu corpo façam o que gostarias que eu fizesse como Tu mesmo na terra; na minha manifestação, possa a Tua glória tornar-se conhecida deles através do amor, das promessas que fizeste no Teu Filho.

262-49

---

* Antes de começar a leitura do Livro II, sugere-se que o grupo reveja o capítulo sobre Meditação à página 15.

I
OPORTUNIDADE

[Baseado nas leituras de Edgar Cayce, de 262-49 a 262-54]

Definição

A oportunidade é uma manifestação material de um ideal espiritual. Por meio do corpo físico, a alma tem oportunidade de expressar os conhecimentos desenvolvidos em outras esferas de consciência. A vida na Terra se torna uma oportunidade para estabelecer paralelos e correlações, para cooperar, trazendo à existência os efeitos de se usar toda a experiência presente para o desenvolvimento da alma. Conseqüentemente, a oportunidade é, antes de tudo, manifestação material de ações espirituais nas forças conscientes do plano material. (Ver 262-50.)

As oportunidades surgem através da cooperação

Cooperar é tornar-se um canal de bênçãos para os outros. Todos os dias, em todas as horas, na verdade, cada pensamento proporciona uma oportunidade de "dar". O que podemos dar? Pedro disse: "Não tenho nem ouro nem prata; mas o que eu tenho eu te dou; em nome de Jesus Cristo Nazareno, levanta-te e anda."[1]

Cada um de nós está num determinado emprego, num determinado lar, numa determinada cidade, estado e nação porque se preparou para esse padrão. Trata-se do tempo e do lugar que escolhemos. Temos de começar o nosso serviço aqui, agora. Um sorriso, uma palavra gentil, um pensamento curativo, isto nós temos e podemos dar. Pois a vida do eu anuncia os pensamentos do coração; e cada um deve viver de modo que Ele, o Cristo, se torne a oportunidade para todos os que nos encontraram — seja à mesa, ao dormir ou ao caminhar pela rua. (Ver 262-50.)

O Mestre andou por aqui fazendo o bem, tornando cada oportunidade uma manifestação material do Seu ideal espiritual. Os que seguirem o seu

---

1. Atos 3,6

exemplo não tomam sobre si mesmos uma grande carga, pois encontraram conforto nas palavras Dele: "Todas as vezes que fizestes isto a um destes meus irmãos mais pequeninos, foi a mim que o fizestes."[2]

Portanto, a cooperação deve ser incluída no modelo de nossa vida diária. Através de pensamentos e atos simples, nós nos preparamos para as maiores oportunidades que são oferecidas a cada alma.

O conhecimento do Eu nos ajuda a reconhecer mais oportunidades

Considerou-se por tanto tempo que as forças espirituais estavam no reino elevado da teoria, que nós, como crianças, estamos apenas começando a perceber que as faculdades da alma podem ser usadas na vida cotidiana, e que esse despertar interior nos torna mais úteis no mundo material. Portanto, identificar melhor as oportunidades é um resultado do despertar das faculdades espirituais interiores mais profundas — a entrada para um mundo novo, um mundo de juventude espiritual. À medida que nos desenvolvermos, surgirão impulsos e aptidões antes desconhecidos. Surgirão chamados para o serviço. Estejamos prontos e dispostos.

Toda prova enfrentada e superada é um meio para o desenvolvimento. Devemos compreender que cada experiência é uma oportunidade para nos testar, treinar e fortalecer. Só aos poucos seremos capazes de superar todas as coisas.

> Procurar conhecer aquela oportunidade que é dada a todos no presente é viver de forma a apresentar ao outro aquilo que lhe dará uma oportunidade; e é missão do eu conhecer e usar a oportunidade para o desenvolvimento do próprio eu.
>
> *262-50*

> Fazer sempre o que o teu eu sabe que é correto, mesmo que isso te torne um proscrito aos olhos do teu próximo.
>
> *373-2*

Se não nos observarmos e soubermos que por nós mesmos não podemos fazer nada, a vida pode tornar-se embaraçada pelo egoísmo, pelo ressentimento amargo, por ciúmes mesquinhos e maus pensamentos. Podemos cair tão baixo que mal enxergaremos o bem nas condições exteriores, pessoas e coisas. Devemos conhecer suficientemente bem o eu para compreender que a falha está dentro de nós, e que temos em nós exatamente o que vemos nos outros, caso contrário como poderíamos reconhecê-lo? Temos de abrir a porta

---

2. Mateus 25,40

ao nosso eu interior e deixar entrar a luz do Cristo, deixando a nossa vontade tornar-se una com a Dele. Ouçam a Sua voz, atendam ao Seu chamado. Conhecer o seu eu é uma oportunidade. Conhecer que o seu eu é um com Deus é a oportunidade máxima do homem.

Quanto mais elevado o ideal, maiores são as oportunidades

Toda alma precisa chegar à consciência de que está a serviço das atividades daquilo que a alma adora na esfera infinita ou força espiritual.

262-50

Cristo, que é o Caminho, a Verdade e a Luz, é o ideal mais elevado. Ao nos apegarmos a um ideal inferior de pensamento e ação, construímos uma cerca ao nosso redor; prendemo-nos a costumes convencionais; fechamos a porta do serviço.

Temos de ser livres — livres para ter nossos próprios pensamentos, para viver nossa própria vida — e esta liberdade tem de nascer da sintonia com uma idéia ilimitada. "Conhecereis a verdade e a verdade vos libertará."[3] O que é a Verdade?

Lembrem-se: "Se permanecerdes em mim e as minhas palavras permanecerem em vós, pedireis tudo o que quiserdes e vos terá feito. Nisto é glorificado meu Pai, para que deis muito fruto e vos torneis meus discípulos."[4] "Porque sem mim nada podeis fazer".[5] Sem Cristo, nem sequer conseguiríamos reconhecer nossas oportunidades, tão cheios de si e de interesses egoístas estaríamos.

Deixem que as meditações do coração, deixem que as atividades do corpo se enfatizem no eu como uma oportunidade ou canal para o outro buscar e conhecer o teu Deus.

262-50

A fé nos ajuda a agarrar a oportunidade

Uma oportunidade de demonstrar a verdade espiritual pode surgir no nosso caminho. O assim chamado bom senso. Do ponto de vista material, pode sugerir que é mais inteligente ficar de lado e deixá-la passar; pois, se ela resultar num fracasso, será melhor que um outro faça a experiência, em vez de nós mesmos. Neste raciocínio existe uma falta de fé. Fé é o conhecimento interior das Forças Criativas do universo. Ela não pode ser reconhecida por pessoas que não tenham a mesma orientação interior. Elas poderão chamá-lo falta de bom senso.

---

3. João 8,32   4. João 15,7-8   5. João 15,5

Com a fé, podemos remover montanhas de dúvidas, provar que os pensamentos são coisas e que as palavras têm força. Quando nenhum caminho parece se abrir, há demonstrações físicas, mentais e espirituais da fé.

Usando o que temos em mãos, fazendo com fé tudo o que nossas mãos acharem para fazer, aproveitemos cada oportunidade. Ela é nossa para agir, planejar, trabalhar; cabe a Ele, o autor da fé, dar o incremento. Podemos professar ter fé; mas são as nossas ações que mostram o quanto acreditamos. À medida que estudamos, meditamos, à medida que procuramos usar essa oportunidade, nossa fé em Cristo, no Pai, no próximo e em nós mesmos crescerá. Ele prometeu que haveria ajuda, força e entendimento suficiente para atender a todas as nossas necessidades.

Haverá provas — na vida física, mental e espiritual. Nessas ocasiões, temos de confiar na sua promessa: "Não te deixarei nem desampararei."[6] Acaso seremos desviados por todo vento de doutrina? Temos de temer todos os que não têm esperança? Nas provas pelas quais o mundo está passando, onde estamos nós? Estamos nos firmando na fé, sabendo que a presença Dele está conosco? Estamos transmitindo esperança, fé e conforto para os que não tiveram as nossas oportunidades? Acaso não sentimos que nesta época somos chamados a deixar que a nossa luz brilhe nos lugares escuros da dúvida e do medo? Nossa fé no que nos foi prometido é firme e a estamos transmitindo aos outros? Se não estivermos fazendo isso, somos fracos à deriva e estamos deixando de cumprir aquilo para o que fomos chamados. "Vigiai! Sede firmes na fé! Sede homens! Sede fortes!"[7] "Pois o dia do Senhor está próximo."[8]

Oportunidades encontradas na comunhão

Que oportunidades a comunhão com o Pai oferece? Por certo, experimentamos o alívio que vem quando lhe apresentamos nossas tristezas. É lá que os nossos problemas são revolvidos, com Ele encontramos a paz que supera o entendimento.

O reconhecimento da nossa fraqueza física torna-se uma oportunidade para exercitar a nossa maior força — a Divindade interior. Quando tiramos vantagem de uma oportunidade numa direção, a Divindade dentro de nós nos ajuda a reconhecer outras. Sabemos que estamos em comunhão com o Pai se amamos os outros e procuramos servi-los. Essas oportunidades existem por toda parte; portanto, temos de ficar atentos, temos de usar a sabedoria e o discernimento para reconhecer as oportunidades que nos levarão para diante rumo à oportunidade suprema, que é a de ser um com Ele em desejo e propósito. Qual é o Caminho? É o que Ele apontou àqueles com quem falou,

---

6. Hebreus 13,5   7. I Coríntios 16,13   8. Joel 1,15

com quem falará. "...amas-me mais do que estes? ...apascenta os meus cordeiros ...amas-me? ...apascenta as minhas ovelhas".[9]

> [Simbolicamente] as ovelhas representam aqueles que conhecem e sabem qual é o Caminho. Os cordeiros representam os que buscam, os que conhecerão, os que encontrarão o Caminho, os que virão se lhes mostrarem a ternura expressa em "O bom pastor alimenta as ovelhas; ele apascenta os cordeiros".
>
> *262-51*

Temos de fazer as duas coisas: alimentar as ovelhas e apascentar os cordeiros.

As oportunidades são reconhecidas através da virtude e do entendimento

Com a virtude vem o entendimento e com o entendimento vem todo o poder e o privilégio da Luz Divina. Equipados com as armas do arsenal espiritual, somos capazes de ampliar nossos campos de utilidade. Podemos, assim como uma espada de duas lâminas, separar o certo do errado, o verdadeiro do falso, e sermos capazes de fazer coisas maiores em Seu Nome.

A vida na terra é uma manifestação de Deus. Portanto, não admira que gostemos de pensar que ela é eterna. No entanto, quando malbaratamos nossas oportunidades e empregamos mal o conhecimento que temos da vida, colhemos os resultados. Se fizermos o bem, o bem terá de retornar para nós, pois "os semelhantes se atraem", não como uma recompensa, mas como resultado da lei. O resultado é a compreensão espiritual, que é crescimento na evolução espiritual.

O rumo para o qual voltamos as atividades da nossa vida depende de como pensamos, "pois assim como ele imaginou no seu coração, assim ele é".[10] Todo poder, toda força, toda vida provém de uma fonte; se usarmos mal alguma porção dela, quer por ato quer por pensamentos, nós não a destruímos porque é de Deus, mas escurecemos o nosso caminho; diminuímos a luz que poderia ser uma ajuda para os outros.

Muitos são sábios segundo sua opinião pessoal, e muitas vezes, como disse o Mestre, "os filhos deste mundo são mais prudentes do que os filhos da luz",[11] visto que usam a luz que têm, muito embora a usem egoisticamente.

Por isso os atenienses erigiram um altar para o Deus Desconhecido. Paulo declarou que eles adoravam na ignorância este Deus Desconhecido. Por essa mensagem ele teria perdido sua vida se não a tivesse vestido de sabedoria e transmitido com entendimento. Ele conhecia a lei ateniense contra a introdu-

---

9. João 21,15-16   10. Provérbios 23,7   11. Lucas 16,8

ção de outros deuses, e, tendo conhecimento disso, orou a Deus, o Pai — "porque é Nele que temos a vida, o movimento e o ser"[12] —, a quem, ele disse, "adorais sem conhecer".[13] Do mesmo modo temos de observar nossas oportunidades. Temos de estar em contato íntimo com a fonte infinita do entendimento para que em todas as horas possamos prestar o serviço certo no lugar correto.

Temos de achar nossas oportunidades com paciência

Ao exercitar a paciência, aprendemos a reconhecer diariamente as pequenas oportunidades que são tão importantes. A impaciência para fazer grandes coisas nos cega. Deveríamos considerar um privilégio sermos o servo dos servos no Reino de Deus. O servo do homem é o homem livre de Deus; pois no serviço à humanidade estamos tornando a nossa vontade uma só com a Dele.

Para fazer isso, é preciso ter paciência com nós mesmos bem como com os outros. "É pela vossa constância que alcançareis a vossa salvação."[14] É possível ter alguma coisa e, no entanto, não possuí-la. Nossa alma tem dentro dela todos os atributos do Divino. Vale a pena esperar, lutar, trabalhar para entender e conhecer que somos indivíduos e, no entanto, somos um com Deus. Não nos apressemos, mas contemos cada passo como uma oportunidade.

A porta aberta é o caminho para campos maiores de oportunidade

Não desfaleçam em fazer o bem, pois está sendo aberta a porta para maiores oportunidades.

262-51

A percepção da verdade é um crescimento da consciência. Nossa mente finita não pode alcançar toda a verdade; entretanto, vão se abrindo portas através das quais podemos chegar a conceitos maiores da verdade, a um entendimento maior do amor ilimitado do Pai. Está sendo aberta a glória no Espírito da Verdade que convence o homem do conhecimento do seu relacionamento com o Pai.

Agora, como nunca antes, foi aberta uma porta que ninguém pode fechar, pois Sua palavra tem de ser cumprida: "Porque todos me conhecerão, os grandes e os pequenos."[15]

---

12. Atos 17,28   13. Atos 17,23   14. Lucas 21,19   15. Jeremias 31,34

Compreender sua presença é uma oportunidade

Quando buscamos manter Sua presença como algo à parte, algo a ser sentido, algo de que ter consciência quando de alguma maneira estamos perturbados, perdemos de vista o fato de que morar na Sua presença é a experiência, o conhecimento, o entendimento, a oportunidade de tudo à medida que procuramos cumprir os seus mandamentos. Sua presença está sempre conosco, pois é Nele que vivemos, nos movemos e temos o nosso ser. Temos de reconhecer isso, temos de saber e entender isso; temos de compreender que somos filhos do Altíssimo. Ter consciência da Sua presença é o nosso legado, a nossa grande oportunidade neste plano material.

Oportunidades encontradas na cruz, na coroa

Tivemos de carregar uma cruz ultimamente? Se nós a considerássemos uma oportunidade, ela seria mais fácil de carregar. Talvez aprendêssemos exatamente a lição mais necessária nesta existência. Saiba em quem acreditou, pois o espírito de justiça protege os que escolheram o Seu Caminho como orientação mental e espiritual. "Sabemos que todas as coisas concorrem para o bem daqueles que amam a Deus..."[16] Possamos carregar cada cruz com esse espírito e sentir que todas as coisas estão atuando conjuntamente para o nosso bem.

Isto foi exemplificado no Mestre dos mestres. É uma grande oportunidade viver dia a dia de tal maneira que o espírito de Cristo possa brilhar dentro de nós, para curar e abençoar.

A oportunidade de saber que o Senhor teu Deus é um

Quando a divindade de Jesus foi declarada por Pedro, Jesus lhe disse: "Feliz és tu, Simão, filho de Jonas, porque não foi a carne nem o sangue quem te revelou isto, mas o meu Pai que está nos céus."[17] Exatamente da mesma forma, compreender a unidade de toda força — o Senhor teu Deus é um — é uma oportunidade que vem através da inspiração divina.

Para ter esta experiência, temos de nos conformar com as coisas do espírito. Pedro renunciou a tudo e seguiu o Mestre. Nós o fazemos? Isso não é fácil de fazer quando analisado do ponto de vista mundano; mas, se pagarmos o preço, também nós podemos ver a glória da unidade que se tornou perfeita Nele.

Deve haver satisfação em nossas atividades. Deveríamos ansiar por usar toda oportunidade para mostrar que compreendemos isto: "Ouve, ó Israel! O Senhor, nosso Deus, é o único Senhor."[18] Será a nossa vontade uma só com a Dele, ou estaremos procurando glorificar nossos próprios desejos, nossos

---

16. Romanos 8,28   17. Mateus 16,17   18. Deuteronômio 6,4

próprios interesses egoístas? Deveríamos saber que o caminho não é longo, nem a cruz mais pesada do que podemos suportar, se confiarmos Nele.

Amar é uma oportunidade

Agora, como nunca antes, podemos reconhecer aqueles atributos da alma que são nossos para serem usados. Gradativamente, viemos a compreender a presença do Pai, a unidade de toda a força e o fato de que o caminho de volta à perfeição passa por Ele, que é o Caminho, a Verdade e a Vida. Isto se torna perfeito no amor. O amor é a mais nobre expressão do homem. Ele não é simplesmente de Deus, ele é Deus; e, à medida que o manifestamos, manifestamos a força de Deus que está dentro de nós. Seja no corpo físico, mental ou espiritual, esse poder é a influência mais forte e mais dominante.

Amar é a nossa maior oportunidade. Traz felicidade como nada mais pode fazer. Tudo o que é bom passa a fazer parte de nós na medida em que tentamos expressar amor pelo nosso semelhante. Pensamentos, palavras e atos são oportunidades para que expressemos esta força, dia a dia.

> Consagrem a si mesmos, seus corpos, suas mentes, suas habilidades em *qualquer* área, à oportunidade de ficar a serviço daqueles que encontrarem e com quem entrarem em contato no dia-a-dia.
>
> *262-53*

Assim como, por ignorância, podemos destruir uma pintura belíssima com alguns arranhões, da mesma forma podemos destruir o nosso corpo, nossa mente e nossa alma ao usar e orientar mal nossas forças, de tal modo que só mesmo um Deus de Amor pode nos reconhecer. Embora possamos dirigir o amor por muitos canais, há só Um canal através do qual haverá a compreensão do amor perfeito, e este é Aquele que disse: "Eu vos dou um novo mandamento: amai-vos uns aos outros."[19]

Aproxima-se o tempo em que haverá mais procura por luz e entendimento. Que nós, então, à moda Dele, manifestemos dia a dia o amor que foi derramado sobre nós. Possamos viver de modo que a nossa vida se torne um exemplo para os que buscam.

Oremos:

> Que o Senhor guie o Seu servo pelos caminhos [que ele] deve trilhar.
>
> "Faze com que minhas entradas e saídas estejam dentro dos caminhos que escolheste para mim. Dirige meus passos, orienta a minha mente. Que a Tua vontade se faça em mim; pois, à medida que o coração palpita pela Tua vontade, possa o

---

19. João 13,34

meu espírito dar testemunho — nas coisas que meu corpo faz dia a dia — que o Senhor está no Seu Templo Sagrado, e aqueles que invocam o Seu Nome não serão castigados. Pois a *glória* do Pai para os filhos dos homens pode ser expressa naqueles que guiarão, manterão e guardarão os caminhos divinos."

262-51

Lição II
DIA E NOITE

Afirmação

Em Tua misericórdia, Ó Pai Celestial, sejas Tu o guia no estudo das manifestações do Teu amor, assim como "O dia entrega a mensagem a outro dia e a noite a faz conhecer a outra noite". Possam as atividades da minha vida, como representantes do Teu amor, ser uma manifestação na terra.

262-54

II
DIA E NOITE

[Baseado nas leituras mediúnicas de Edgar Cayce, de 262-54 a 262-57]

Introdução

O dia e a noite só existem para a Terra. Vistos de uma esfera exterior, haveria apenas diferentes tonalidades de luz e de sombra à medida que a Terra se move ao redor do Sol. As condições que existem no plano material não passam de sombras da verdade dos planos mental e espiritual.

"...e Deus separou a luz das trevas. Deus chamou à luz dia, e às trevas noite."[1] Assim, dia e noite são figuras de retórica, símbolos espirituais do bem e do mal. O dia fica de frente para a fonte de luz, que, para aqueles que buscam atender a Seus comandos, é a Voz, o Verbo, a Vida, a Luz que chega aos corações, às mentes e às almas a fim de acordá-los para o seu relacionamento com a fonte de Luz. A noite está olhando para longe da fonte de luz.

No plano mental, a *noite* é o conhecimento de que a alma está em desarmonia com Deus; o dia é o primeiro período de consciência de um caminho de volta à fonte de todo o poder.

Num sentido *figurado*, o dia e a noite representam períodos de crescimento e de recuperação — na Terra, as atividades de um dia e uma noite de descanso.

Por que a criação do mundo?

Todas as almas foram criadas no início. Este início não se refere à Terra, mas ao universo. "Façamos o homem à nossa imagem..."[2] é a descrição de uma criação espiritual, pois Deus é Espírito. "... e não existia ainda sobre a Terra nenhum homem que a cultivasse... O Senhor Deus formou, então, o homem do barro da terra, e inspirou-lhe nas narinas um sopro de vida, e o homem se tornou um ser vivente."[3] Esta foi a segunda criação.

---

1. Gênese 1,4-5   2. Gênese 1,26   3. Gênese 2,5-7

...no início todas as almas eram um com o Pai.
A separação ou afastamento trouxe o mal. Depois tornou-se necessária a consciência de que o eu está em dissonância ou fora do reino da bem-aventurança... Tornar-se conscientes num mundo material é — ou foi — o único modo ou caminho através do qual as forças espirituais puderam tornar-se conscientes de sua separação da atmosfera espiritual, do ambiente espiritual do Criador.

262-56

Assim, ao passar pelas nossas várias experiências, tal como Ele, o primeiro Adão, nossa alma se torna consciente da separação do seu Criador. À medida que a natureza do nosso relacionamento com o Criador fica mais clara, começamos a andar cada vez mais na Luz de nossas experiências físicas. Viemos para cá com esta finalidade.

Pela experiência, pelo sofrimento, viemos a conhecer o dia e a noite, a luz e as trevas, o bem e o mal, assim como o Filho, o Adão. "Embora fosse filho de Deus, aprendeu contudo obediência por meio do sofrimento."[4] Finalmente, reconhecemos que estamos no caminho de volta à origem. Só isso traz satisfação à nossa alma.

O dia entrega a mensagem a outro dia

Hoje é o dia da oportunidade. Cada lapso de vida é apenas mais uma oportunidade de a luz brilhar dentro de nós. Somos estimulados a usar o que temos à mão, e recebemos a promessa de que nossas necessidades de mais desenvolvimento serão atendidas. Um Deus de amor espera pelo despertar de cada alma.

A maioria de nós dedica as atividades do dia ao fornecimento das coisas materiais da Terra para si mesmo e para os outros. O alimento, o abrigo, as roupas têm de ser providenciadas na proporção do padrão de vida de cada um. Estas coisas e os luxos que parecem ser necessários ao bem-estar do corpo não podem ser os ideais que motivam as nossas atividades diárias. "Buscai em primeiro lugar o reino de Deus e a sua Justiça e todas estas coisas vos serão dadas em acréscimo."[5] Que coisas? O que necessitamos para a paz e o contentamento; o que necessitamos para o crescimento espiritual. Estas coisas serão acrescentadas na medida em que enchermos nossos dias com atividades motivadas pela Verdade, pela Vida, pela Luz.

Queremos a Luz? Então voltemo-nos para dentro de nós mesmos. Encontremos a resposta para o problema que nos mantém nas trevas. Não julgaremos ninguém, nem a nós mesmos, mas estudemos para saber como es-

---

4. Hebreus 5,85.   5. Mateus 6,33

tamos usando o conhecimento, o entendimento e as oportunidades que nos foram dadas.

> Pois cada pessoa tem de viver cada dia de forma que possa confrontar o que disse e o que viveu, e dizer: "Por isto tenho de ser julgado diante de mim mesmo, diante do meu Deus."
>
> *257-123*

Convém fazer um "inventário" para ver se estamos estimulando ou retardando nosso próprio crescimento. Nossos planos estão de acordo com o que Ele nos orientaria a fazer, ou estão de acordo com os nossos desejos? Gostamos mais das coisas do mundo material do que do louvor a Deus? Então saibam que o caminho que percorremos é o meio para um melhor entendimento ou um atraso sério. Lembrem-se de que o plano mental é o construtor; o espiritual é o guia ou a vida; as condições das coisas materiais são os resultados. Enquanto pode haver prazer nas coisas temporais do mundo, o passo a passo deve ser para cada um de nós. "Eu mostro no relacionamento com meus semelhantes, nas minhas conversas e nos meus atos o que eu considero ser o relacionamento com o meu Criador." (Ver 257-123.)

Vamos encarar a questão de frente. As posses materiais impedem o crescimento espiritual? A resposta terá de ser determinada pelo indivíduo para si mesmo. Um exame das atitudes quanto às coisas materiais, uma análise crítica dos ideais pessoais no que se refere às posses, dará a solução. A cobiça e o egoísmo quanto a um filão de pão podem ser tão nocivos quanto o orgulho e a avareza em relação a grandes riquezas. A cada alma virá a experiência tanto de grande pobreza quanto de grande riqueza. Na eternidade há tempo suficiente para ambos.

Quando saímos do corpo o que continua? Não será o que construímos dentro de nós mesmos usando as forças construtivas e destrutivas? Nesse caso, se a nossa atividade é tão ilimitada quanto a eternidade, que nossos passos caminhem no caminho da Luz; que tragam, não só para nós mas também para aqueles que nos seguirem, aquelas coisas que permitem uma compreensão melhor do que é a vida. Analisemo-nos para ser aprovados pelo Criador e não ficarmos confusos; não consideremos que a vida espiritual ou mental seja diferente da material, mas saibamos que uma é o reflexo da outra. Se vivermos na Luz, as sombras ficarão para trás. Se nossa face se afastar da Luz, não haverá nada na vida, nas coisas materiais ou mentais, nada a não ser sombras.

"Um dia entrega a mensagem a outro dia"[6] torna-se real para nós na proporção da luz que conseguimos lançar sobre os outros nas ações e asso-

---

6. Salmos 19,2

ciações com o próximo, e na proporção do nosso verdadeiro entendimento acerca do Reino dos Céus interior; pois só podemos ensinar aos outros aquilo que sabemos.

A noite a faz conhecer a outra noite

Antes da luz havia trevas, a escuridão da separação entre o homem e Deus. Nessa noite, as almas obtiveram conhecimento das leis universais através do sofrimento. Foi preparado um caminho de redenção para tirar o homem desse estado de separação. "Nele havia vida e a vida era a luz dos homens. A Luz resplandece nas trevas e as trevas não a compreenderam."[7]

Em cada um de nós existe o padrão do *estado original* de separação. Com a noite, chega-nos uma oportunidade para o descanso, a reflexão, a meditação e a inspiração; ou um período para o pecado, a desgraça e a tortura mental. Oportunamente, em cada experiência penosa de vida, a noite pode nos ensinar tal lição de amor e simpatia que nos tornamos indivíduos mudados, ou pode nos endurecer, nos afogar até que as nossas vidas se tornem um inferno incandescente.

Gradativamente, podemos aprender que a vida é uma oportunidade de entender melhor o nosso relacionamento com o Pai. Se nossas experiências nos fizerem mais parecidos com Ele, mais gentis, mais misericordiosos com os pecadores, mais tolerantes com os que detêm a autoridade, terão sido experiências valiosas.

A noite proporciona a oportunidade de apreciar a luz; pois experiências difíceis transmitem o conhecimento. A noite é como um filme sobre o qual pode ser impressa a realidade. Nessa experiência, podemos obter um quadro da atividade da luz e saber se estamos nos unindo à luz ou sendo retidos nas trevas.

Dentro de nós temos ambas, a luz e as trevas, e temos de fazer a separação, tal como Deus fez no começo com todo o universo. A criação continua durante todo o tempo em nós, e nos tornamos filhos da luz ou filhos das trevas.

Enquanto estamos nas trevas, podemos conhecer a luz por meio da luz interior. Então é possível compreender a oportunidade de dar a volta e passar à apreciação da luz mesmo no plano físico. E isto é tanto mais possível no plano espiritual! "Eis que hoje estou colocando diante de ti a vida e o bem, a morte e o mal."[8] "Escolhei hoje a quem quereis servir."[9]

Nossa atividade espiritual deve ser feita de dia, na luz, se for para ajudarmos os outros; pois virá a noite da dúvida, em que ninguém pode trabalhar. Então será o tempo de colher o que plantamos.

Quanto o Mestre foi tentado, Ele não negou a existência do mal; antes, Ele a reconheceu pelo que era e fez a separação, dizendo: "Afasta-te de mim,

---

7. João 1, 4-5   8. Deuteronômio 30,15   9. Josué 24,15

Satanás!"[10] Quando passamos pelas grandes provações da noite, temos de unir nossa vontade à de Cristo. Se fizermos isto, nossos fardos se tornarão mais leves, e as provações mais fáceis de suportar.

Experiências relativas ao dia e à noite

Há períodos em que ficamos muito sensíveis aos comentários dos amigos e entes queridos, porque eles nos parecem desagradáveis. Se analisarmos a nós mesmos, descobriremos que nós é que estamos fora de sintonia, pois nos afastamos da luz. Nesse estado, nos tornamos ineptos para ser canais de bênçãos para os outros e assumimos uma atitude de dúvida e de falta de discernimento. O que vemos nos outros é um reflexo daquilo que vai pelo nosso íntimo.

É preciso entender que o dia está diante da fonte da Luz com uma mente que busca atender Seus comandos. É o espírito de Cristo que chega ao nosso coração para nos despertar para o relacionamento com a fonte de Luz, e nos ajuda em nossas associações com os outros.

"Vi uma grande luz. Eu a reconheci como uma manifestação do espírito. Ela veio na minha direção e desapareceu dentro do meu eu interior. Ela me deixou mais consciente de que o meu corpo é o templo de Deus vivo e de que eu tenho de deixar a minha luz brilhar de maneira a apressar o dia do Senhor."[11]

Quando o homem se afasta de Deus, ou do bem, ele está vivendo na noite de sua vida. Há uma luta constante entre as forças do dia e as forças da noite. Podemos ver de imediato a desgraça que ela traz a cada um. Por todo o mundo, as pessoas estão buscando algo para acalmar a inquietação, o torvelinho e a confusão que existem; se ao menos todos compreendessem que a paz precisa vir primeiro de dentro antes que se manifeste fora, muitos problemas seriam resolvidos. "Porque ele é tal qual ele pensou no seu coração."[12] A palavra que revela o pensamento mostra os estados de consciência. Esses estados de consciência podem ser tão elevados como o céu, ou tão baixos que se pode perder em meio à escuridão.

O que podemos aprender com a noite? Nós construímos a nossa noite ou estamos sofrendo para que outros possam ver a luz? Nosso Senhor veio "como um cordeiro que é conduzido ao matadouro, e uma ovelha muda nas mãos do tosquiador; ele não abriu a boca"[13] para que os outros pudessem ser livres. Se através do sofrimento pudermos ajudar os outros a entender, nós, como o apóstolo, poderemos nos rejubilar na tribulação, o que "nos proporciona um peso eterno de glória incomensurável".[14]

---

10. Lucas 4,8   11. E.P.   12. Provérbios 23,7   13. Isaías 53,7
14. II Coríntios 4,17

Eu sou alfa e ômega

O resumo de nossa existência terrena é compreender plenamente que somos um com o Pai e dignos de ser Seus companheiros na glória. Dia e noite, luz e trevas, conflito e conquista, amor e serviço, são os meios para chegar a este fim. Os problemas numa experiência de vida podem ser trampolins para um serviço maior em todos os domínios.

"Não o sabíeis? Não o aprendestes? Não vos ensinaram desde o princípio? Não compreendestes nada da fundação da Terra? É Ele que domina sobre o círculo da Terra... Pois não sabes? O Senhor é um Deus eterno, Ele cria os confins da Terra sem jamais fatigar-se nem aborrecer-se. Ninguém pode sondar sua sabedoria."[15]

> [Deus] é o começo e o fim do que foi manifestado materialmente, ou do que o homem conhece como o plano ou dimensão a partir da qual ele raciocina no finito. Então o corpo terá o entendimento correto do que significa "Eu sou o Alfa e o Ômega, o começo e o fim". O fato de esse Deus, o Pai, o Espírito, o Ohm, ser a força que influencia toda a atividade não é suficiente para a salvação do homem, na medida em que este possui o livre-arbítrio. De fato, Alfa e Ômega são apenas o princípio e o fim, pois a confirmação, a segregação, a separação, a construção, o acréscimo a isso, são necessários — em relação àquelas atividades que ficam no meio — para que o homem construa entre o início e o fim.
>
> *262-55*

Nossa filiação é revelada de nossas escolhas livres. Sempre o impulso é o de ir em frente. Assim como éramos um com Ele no princípio, seremos um com Ele no fim, através Dele, que é a Luz, a Verdade e o Caminho.

Conclusão

Ao procurar conhecer o nosso relacionamento com o Criador e apresentar o corpo como um sacrifício vivo, totalmente aceitável por Ele, temos de aprender a diferenciar entre o lado diurno e o lado noturno da vida; ou seja, colocar os verdadeiros valores no seu lugar. Para fazer isso é necessário um período de provação suprema. À medida que caminhamos rumo à luz, absorvemos essa Sabedoria Divina que nos ajuda a conhecer a Verdade.

Nossa vida deve ser julgada pelos resultados. Se os resultados são a paz, a harmonia, a justiça, a misericórdia, o amor, sabemos que a luz interior está brilhando; se são o contrário, então sabemos que o dia não amanheceu em nós.

---

15. Isaías 40, 21-22,28

À medida que buscamos, grandes reviravoltas podem acontecer na nossa vida. Idéias que achávamos seguras podem ruir sob nossos pés; aquilo em que tínhamos confiança pode mostrar-se falso. Só Deus é imutável. Se vivermos de acordo com as leis divinas e buscarmos sinceramente a luz, os obstáculos se transformam em tijolos para a realização dos nossos mais queridos desejos, ao passo que as impurezas e a escória serão queimadas. Essas experiências podem ser duras de suportar, mas são valiosas para nos ajudar a atingir o grande objetivo pelo qual todos estamos lutando.

Não devemos buscar de forma egoísta, porém com o desejo de que a vontade Dele seja feita em tudo; nunca devemos buscar com o intuito de superar, de defraudar ou de distanciar-nos dos outros. Deus conhece nossas possibilidades melhor do que nós, e quando Ele vê um lugar que podemos preencher, o caminho se abrirá. Glorifiquemo-Lo e louvemo-Lo, o Doador de todo bem e de todo dom perfeito, pelo exemplo de Seu Filho, que Ele enviou ao mundo para nos tirar da escuridão.

O poder do filho não diminuiu. Seu Espírito está constantemente à espreita para guiar os que querem ser guiados no caminho áspero e pedregoso e para levantar os que tropeçam e caem. Tenhamos fé no Infinito Poder de Deus e saibamos que o plano de Deus para o mundo nunca será destronado. Se escolhermos o caminho das trevas, saibamos que Ele, das próprias pedras nas quais tropeçamos, levantará outros para que continuem em frente; pois não se deve zombar de Deus.

"Para onde iria eu, longe do teu espírito?
Para onde fugiria, longe da tua Face?
Se eu subir aos céus, Tu lá estás.
Se eu descer ao inferno, aí Te achas.
Tomasse eu as asas da Aurora,
Ficasse eu nos horizontes dos mares;
Lá ainda é a tua mão que me conduz
e me iria lá pegar a Tua destra.
Se eu disser: Que ao menos as trevas me cubram;
E que em volta de mim a luz seja noite;
As próprias trevas não são trevas para Ti,
E a noite é clara como o dia."[16]

---

16. Salmos 139,7-12

Lição III

DEUS, O PAI, E SUAS MANIFESTAÇÕES NA TERRA

Afirmação

Seja tal o desejo do meu coração que eu perceba cada vez mais o espírito do Pai, manifestando-se em mim através do Cristo.

262-57

III

DEUS, O PAI, E SUAS MANIFESTAÇÕES NA TERRA

[Baseado nas leituras de Edgar Cayce, de 262-57 a 262-60]

Introdução

O propósito desta lição é que cada um de nós saiba como e quando perceber o espírito manifestando-se através de nós nas coisas materiais. (Ver 262-60.)

Essa percepção dependerá em grande medida da aplicação dos ensinamentos das lições anteriores. Cada lição é um passo na busca de Deus, até chegar à compreensão plena da presença Dele dentro de nós.

A grande questão

Qual é o nosso conceito de Deus? Na nossa vida, Deus é apenas um fato, uma força onisciente, oniabrangente e onipotente, ou Ele é um Pai amoroso e complacente?

Ninguém duvida de que Deus é um fato. Todos compreendem que a própria vida é um mistério além da explicação mais sábia, e que deve haver uma fonte da qual ela surge. Os homens chamaram essa fonte de muitos nomes, mas *todos* foram tocados pela complexidade e perfeição do universo. Na mente de muitos não existe a necessidade de buscar outro estado de consciência, pois a Força supre generosamente os desejos de todos os que trabalham. Ela se manifesta em todas as coisas e em todas as horas; certamente, eles dizem: Deus é um fato.

Então, como conhecer a Deus como *nosso Pai*? Deus só é Pai para os que O buscam. "Sereis o meu povo, e Eu serei o vosso Deus."[1] Portanto, enquanto nós, que aplicamos o que sabemos sobre a vontade do Pai, pensamos — e pensamos de tal maneira que as palavras ditas e a atividade das mãos evidenciem a vontade do Pai — essa atividade, esse pensamento faz de nós o canal através do qual chegam as manifestações.

---

1. Jeremias 30,22

Pois, quem na terra pode conhecer um coração de mãe a não ser outra mãe? Quem pode conhecer a vontade do Pai, Deus, a não ser os que põem nos atos de suas mãos, nos pensamentos de suas mentes essas coisas que Ele deu, à medida que Ele aparece na experiência de todos os homens dia após dia?

Tão simples, então, é conhecer o Pai que todos tropeçam, porque *pensam* que são maiores do que são.

262-58

Em vez de buscar ser canais através dos quais o Pai possa manifestar Seu amor e Sua glória, muitas vezes, no nosso egoísmo, buscamos nossos próprios objetivos.

Sê de preferência um canal através do qual o Pai possa manifestar o Seu amor, a Sua glória na terra. *Ouve* a voz interior, pois Ele está muito perto de cada um de nós; basta olhar para *dentro*. E se sentires o desejo de que o teu eu nada seja, de que o Pai, o Cristo, possa ser glorificado na Terra, darás a todos a consciência de serem uma manifestação do amor do Pai pelos filhos dos homens...

Quais são as manifestações do Pai? Os frutos do espírito. A gentileza, a delicadeza, a palavra amorosa, a paciência, a esperança, a persistência e — e acima de tudo — a coerência em teus atos e em tuas palavras. Sê glorioso na tua atividade. Sê alegre nas tuas palavras. Pois *feliz* é o homem [que] sabe que sua vida confirma que o Filho e o Espírito da Verdade dirigem as palavras e as atividades do seu corpo!

262-58

Naturalmente surge uma questão: "De que modo interpretar algumas das palavras e atos dos outros como manifestações de Deus, quando eles nos ferem tanto?" Não condenes por palavras, pensamentos ou ações, para que não sejas condenado. Ira-te, mas não peques. Sê paciente e perdoa sete vezes sete; sim, setenta vezes sete. (Ver 262-59.)

Devemos ver em cada atividade de outra pessoa uma tentativa de ela se expressar, de manifestar seu conceito da realidade divina. Cada um de nós, quando nos manifestamos através do pensamento ou da ação, mostra qual é a influência que estimula a nossa experiência. Não devemos ser um juiz ou um crítico; devemos, antes, ter pena dos que erram, pois eles não sabem o que fazem.

Deus, o Pai

Conhecemos Deus como um Pai amoroso? Se ainda não fizemos a experiência, por que estamos com medo? Seremos preguiçosos demais? Estaremos dispostos a gozar dos prazeres e dos generosos presentes de um mundo criado por Deus, sem dedicar um só pensamento à grande Força que está por trás e de todas as coisas em todas as coisas? Esta incapacidade de reconhecer a essência da vida nos leva a satisfazer nossos desejos egoístas, com o que aumentamos a miséria do nosso próximo e provocamos desajustes e sofrimento para nós mesmos.

Para conhecer nosso relacionamento com o Pai, muitas vezes temos de passar por provas e sofrimentos. Este não é o modo de Deus nos encontrar, mas o modo pelo qual chegamos à compreensão de que estamos no caminho errado. Todas as nossas provações foram criadas por nós mesmos. Quanto mais deixarmos de reconhecer este fato e de fazer algo a respeito, tanto mais vai demorar para nos relacionarmos plenamente com o Pai. Lembremo-nos de que só nós mesmos fechamos o caminho.

Jesus, o Cristo, é o maior exemplo do amor do Pai. Através dos ensinamentos apresentados pelo Filho, Deus mostrou que compreende cada coração e está disposto a dar paz a toda alma que se voltar para Ele.

As manifestações do Pai na Terra

Os filhos do Pai procuram manifestar Seu espírito na Terra. É a lei. Os semelhantes se atraem.

Cada um de nós é um corpúsculo no corpo de Deus, executando a sua função.

O homem e Deus não medem a grandeza da mesma maneira. Verdadeiramente grandes são aqueles que têm o espírito do amor, nunca aqueles que marcham rumo ao poder às custas do sangue do próximo. Um busca a glória de si mesmo, o outro é abnegado na glória. Quando estudamos a vida dos que, com grandes dificuldades, expressaram os frutos do espírito, e observamos como o mundo se tornou melhor graças aos esforços deles, isso nos dá a coragem de executar fielmente aquilo que temos de fazer.

O mestre nos disse que Ele foi ao Pai; isto é, tornou-se um com a consciência do Pai; e nos disse que tudo o que pedirmos em Seu nome o Pai nos dará, para que Ele, o Cristo, seja glorificado na terra. Se pertencemos a Ele, temos de saber que as respostas às nossas orações são para a Sua glória e para o nosso bem.

Muitas vezes é necessário que sejamos provados pelo fogo. O fogo do corpo, o fogo do desejo, o fogo da carne, o fogo das forças carnais têm de queimar.

Quando as condições e circunstâncias nos trouxerem experiências que tentem a nossa alma, e quando na nossa angústia buscarmos o motivo delas, compreenderemos que existem uma paz e alegria perpétuas se fizermos à mente esta advertência: "Parai e reconhecei que Eu sou o Deus verdadeiro."[2]

---

2. Salmos 46,10

Quando temos atividades no mundo material que provocam as forças ou influências que levam a alma a agir em prol do seu desenvolvimento, muitos acharão que se trata de um pecado ou de um erro quando, na realidade, pode tratar-se apenas da misericórdia de um Pai benevolente e onisciente que está dirigindo, planejando e dando à alma uma oportunidade para ela usar sua experiência no plano material. Tudo o que a alma — por meio do corpo e da mente e de seus atributos — fizer com o conhecimento de que o espírito da vida habita nela na Terra através do Cristo, fará com que essa alma se desenvolva. Portanto, a condenação é sempre uma manifestação egoísta e uma tentativa, como o primeiro pecado, de pôr a culpa de algo que nós mesmos fizemos em outra pessoa; caso contrário, não o reconheceríamos.

A manifestação perfeita na Terra

Se conhecemos o amor do Pai (que se manifestou através do Seu Filho, que superou o pecado, o erro, a doença e até a morte no plano material), confiemos no poder de Sua presença entre nós e tenhamos uma compreensão maior da Consciência de Cristo, da Vida de Cristo na nossa existência.

Para fazer isso não temos de nos afastar de nossos amigos, de nossos associados ou até mesmo de nossos inimigos. O Mestre nunca fez. Se quisermos manifestar perfeitamente os frutos do Espírito, isto será possível por meio da nossa maneira de viver. Portanto, devemos buscar conhecer o Caminho que Ele nos destinou. Não conseguiremos fazê-lo negando a existência do pecado e do erro. É verdade que o pecado e o erro não pertencem a Deus a não ser através de nossa desobediência voluntária. Se na nossa vida se manifestarem a cobiça, a avareza, o ódio, o egoísmo, a indelicadeza e a maldade, isso dará frutos: limitação, luta, ódio, avareza e separação da luz. Os que dão as costas à luz de Deus só podem ver sombras e trevas. No entanto, se se voltarem para o Pai de amor que se manifestou na Terra através de Cristo, ainda nesta vida poderão ver a luz e a glória de um *novo* nascimento. "...porque o seu amor é para sempre."[3]

O Pai não deixou seus filhos sozinhos, mas preparou um saída para cada tentação. Seremos menos benevolentes? No começo fomos feitos filhos de Deus, mas poucos de nós agem como filhos.

Podemos entender melhor a manifestação perfeita na Terra quando compreendemos que não existe tempo, nem espaço, e que a divindade do homem Jesus foi perfeita em Sua atividade na Terra; pois (Seu sacrifício) foi oferecido desde o princípio. (Ver 262-57.)

---

3. Salmos 118,29

Se queremos ser manifestações perfeitas, estejamos prontos a perdoar, tal como o nosso Mestre fez. Ele não estabeleceu nenhuma lei moral além das que a alma do homem já sabia. Portanto, temos de saber que dentro de nós mora o espírito de Deus, e o saberemos mais depressa se reconhecermos Seu poder e Seu direito divino. Quando o Mestre viveu entre os homens, a Sua presença purificou todos os que buscavam alívio de doenças físicas e preparou-os melhor para manifestar os frutos do Espírito na vida. Ele não salvou o corpo deles da sepultura ou da transição de uma esfera para outra, mas acelerou suas almas e suas mentes a tal grau que eles clamaram como Josué do Antigo Testamento: "...porém, eu e a minha casa serviremos ao Senhor."[4]

Por toda a existência do homem no mundo material, em várias estações e períodos, vieram mestres; estabelecendo certas formas ou certas teorias relativas ao modo como as pessoas têm de controlar os apetites do corpo ou da mente, de forma a alcançar determinada fase de desenvolvimento.

Veio também um mestre que foi suficientemente corajoso para declarar que era filho do Deus vivo. Ele não estabeleceu regras quanto ao apetite. Não lançou regras de ética a não ser "Portanto, tudo o que vós quereis que os homens vos façam, fazei-o também vós a eles",[5] e saber também que o que fizermos ao menor de nossos irmãos, estaremos fazendo para o nosso Criador. Ele declarou que o reino do céu está dentro de cada um e que todos podem tornar-se conscientes do reino através da meditação sobre o fato de que Deus é o Pai de todos. Esse mestre tornou-se o Cristo. Aqui, então, vocês encontram um amigo, um companheiro, um irmão. Como Ele disse, "Já não vos chamarei servos... mas amigos."[6] Pois, para os muitos que acreditarem, para eles Ele dará o poder de se tornarem filhos de Deus, o Pai; compartilhem essa herança com Jesus, o Cristo, no conhecimento e na consciência desta presença que permanece para sempre com aqueles que estabeleceram esse ideal.

O que, então, é este Um como um ideal?

No que se refere ao nosso semelhante, Ele ensinou que não devemos fazer aos outros o que não queremos que eles nos façam; não devemos pensar, nos preocupar nem ficar ansiosos demais quanto ao corpo, porque Ele sabe do que necessitamos. Então compreenderemos que o lugar, a consciência que temos hoje é o que é necessário para o nosso maior, melhor e mais maravilhoso desenvolvimento.

Mas hoje OUÇAM a Sua voz: "Vinde a mim todos os que estais cansados e oprimidos, e eu vos aliviarei."[7] O Senhor ama os que depõem sua confiança TOTALMENTE Nele.

---

4. Josué 24;15   5. Mateus 7,12   6. João 15,15   7. Mateus 11,28

Esta, então, é a atitude mental que afasta o ódio, a maldade, a ansiedade, o ciúme. E em vez disso, visto que a mente é a criadora, cria os frutos do espírito: amor, paciência, misericórdia, magnanimidade, gentileza, delicadeza. E contra isto não existe lei. Essas atitudes rompem barreiras, trazem paz e harmonia, fazem com que se veja a vida sem descobrir falhas porque uma pessoa se "esqueceu", porque o julgamento de outra foi mau, porque alguém foi egoísta hoje. É possível superar isso, pois foi isso o que Ele fez.

Em Sua própria experiência com aqueles que Ele escolheu no mundo, se Ele tivesse ficado ressentido por terem-no abandonado à ira de um sumo sacerdote enraivecido, um advogado mordaz e um acusado injusto, o que seria da esperança e da Sua promessa hoje?

Somos manifestações de Deus

Que cada um de nós, na meditação, no estudo, na observação dos conceitos desta lição, aplique todas as leis espirituais que descobrirmos em nossas experiências individuais. Pois, como Ele ensinou, podemos clamar Senhor, Senhor! Podemos até mesmo curar os doentes, exorcizar demônios em Seu nome, e ainda assim não sermos aceitos. A vida daqueles que fazem alarde de sua associação com Ele terão de produzir manifestações daquelas coisas que são do espírito, dos frutos do espírito. "Nem todo o que me diz: Senhor, Senhor! entrará no reino dos céus; mas aquele que faz a vontade do meu Pai que está nos céus."[8]

Quais são as manifestações do Pai na Terra? Fazer o bem a todas as pessoas, manifestar os frutos do Espírito nos pensamentos e nos atos, quando encontramos o nosso semelhante às voltas com seus problemas, suas dúvidas, seu medo e seus dissabores. Se manifestarmos os frutos do Cristo, da Consciência Crística, em nossas palavras, em nossos atos e em nosso relacionamento com os outros, como o Cristo manifestaremos o bem na Terra para todos, quer pertençam ao seu rebanho, quer rejeitem o que Ele viveu e ensinou. Foi assim que o Filho manifestou o Pai na Terra; então, Nele temos um exemplo.

À medida que usarmos as verdades que conhecemos, chegaremos talvez a ser as lâmpadas para os pés dos obstinados, uma ajuda para os que buscam, uma luz para os que se desviaram do caminho, uma mão orientadora para os que conhecerão cada vez mais o amor do Pai à medida que Ele se manifestar nos atos, nos pensamentos e na vida dos Seus seguidores.

Qual é a nossa luz? Quem é o nosso guia? Tentamos ser gentis a fim de ver como essa lei atua na experiência do nosso próximo?

---

8. Mateus 7,21

Um sorriso estimula a esperança; essa esperança torna possível a atividade; essa atividade torna-se um porto para uma alma desencorajada, desesperançosa.

Vamos sorrir mesmo que caia o céu; embora possamos estar mal num mundo de egoísmo, devemos nos rejubilar na luz Daquele que deu a Si mesmo para a nossa redenção.

> Que Ele, o Cristo, seja o guia, que Ele construa para vós a mansão, melhor do que vós com vossas débeis mãos, onde as traças e a ferrugem corrompem e onde aqueles que inconscientemente, com suas maneiras desajeitadas, muitas vezes tornam a estrada árdua para vós. Perdoai-os, se quiserdes ser perdoados. Não guardeis rancor, pois o que é vosso não vos será tirado a menos que *vós mesmos* o deixeis de lado por inveja, ira, pensamentos e atos indelicados, destruindo assim o que mais amais — *a vida*!
>
> *262-60*

Há quanto tempo aqueles que manifestam a glória do Pai através do Filho lançam o clamor: "Apressai, Ó Senhor, o Vosso reino na Terra?" Quais foram as promessas feitas pelo Filho? "Vou preparar-vos um lugar.... para que, onde eu estiver [em consciência] estejais vós também."[9] "Virei novamente e vos levarei comigo."[10] Quando sintonizamos a mente e a atividade corporal com essa consciência, nossos desejos apressam esse dia. Enquanto, aos olhos de muitos, a misericórdia do Pai adiou a vinda, muitos outros, como os filhos de Israel, estão prontos a dizer: "Faze-nos deuses que vão adiante de nós."[11] Na paciência, ouvindo, ficando quietos, reconhecem que o Senhor faz tudo com perfeição. Não fiquem inquietos por ele, aparentemente, prolongar o Seu tempo, pois, como o Mestre ensinou, quanto ao dia nenhum homem sabe, nem mesmo o Filho, porém só o Pai e aqueles a quem o Pai possa tê-lo revelado. O Filho preparou o caminho para que todos os homens pudessem conhecer o amor do Pai na Terra. Sob a nossa guarda, para nós, Seus filhos, Ele entregou a manutenção da Terra, o salvamento do mundo. Então saibam que à medida que nossas mentes e nossos corações desejarem cada vez mais glorificar o Filho na Terra, desejarem cada vez mais a chegada do dia do Senhor, Ele se aproximará cada vez mais de nós.

> Mantende vosso coração e vossa mente cantando, na glória, as manifestações da beleza e da glória do Pai na Terra, como as vistes manifestadas entre os homens.
>
> *262-58, A-6*

---

9. João 14,2-3   10. João 14,3   11. Êxodo 32,1

Ficai no caminho que conhecei, pois Ele só quer que sejais verdadeiros ao que sabeis em vosso coração que deveis fazer. Pois Ele chama pelo nome àqueles que invocaram o nome de Cristo e que guardam os Seus caminhos; e através desses possa o amor do Pai, através do Filho, ser manifestado na Terra.

262-58, A-13

Permite, Ó Pai, somente hoje, que eu possa ser usado como um canal de bênção, para que eu possa hoje manifestar Teu amor através da minha associação com os que eu encontrar; pois, se eu divulgar o Teu amor na Terra para o meu próximo, sei que cumprirás Tua promessa de me guiar, guardar, proteger e confortar nos caminhos por onde eu andar.

262-60, A-2

Permanecei todos no Caminho. Sede felizes. Sede alegres. E que o amor, a misericórdia e a paz, que vêm do Pai para os que se dedicam ao Seu serviço, estejam convosco. Amém.

281-19

Lição IV

O DESEJO

Afirmação

Pai, que Teus desejos sejam os meus desejos, que os meus desejos, Ó Deus, sejam os Teus desejos, no espírito e na verdade.

262-60

IV
O DESEJO

[Baseado nas leituras de Edgar Cayce, de 262-64 a 262-72]

Introdução

O desejo tem origem na vontade. Ele é da Terra e do espírito. Ele é ativado, nos reinos para os quais é dirigido, por uma força motivadora, pela vontade e pelas capacidades e faculdades mentais da pessoa. (Ver 262-64.)

> O [desejo] é a base da evolução, da vida e da verdade. Ele também se arranja no inferno e pavimenta o caminho para muitos [que] se descobrem dentro dele, no espírito, no corpo e na mente.
>
> *262-60*

O desejo é o poder que dirige o eu físico, o eu espiritual, enquanto a vontade é a força diretriz. As posições em que nos encontramos são atraídas a nós pelos nossos desejos. Tudo o que somos física, mental e espiritualmente, foi construído pelo desejo.

Desejos físicos

Está escrito nas Escrituras: "E formou o Senhor Deus o homem do pó da terra, e soprou em suas narinas o fôlego da vida; e o homem foi feito alma vivente."[1] Biologicamente, o homem se faz animal no plano físico com três necessidades primárias: autopreservação, propagação da espécie e fome. Estas três forças no homem e no animal são instintivas. Se por força da vontade o homem as usa para seu próprio engrandecimento, elas se tornam desejos materiais e são a base das influências carnais. Ao fazer isso, ele diminui seu corpo espiritual ou alma.

A base do desejo físico é a soma, a contribuição ou a união de forças que estruturam a capacidade de cada um de nós para se deleitar com aqueles

---

1. Gênese 2,7

impulsos que são de natureza animal. Se formos governados por essas necessidades, não existe para nós outro recurso senão apelar para o espírito. Nossa alma foi criada como companhia para o Criador e é capaz de tornar-se consciente de si mesma; no entanto, sofre influências que exigem a espiritualização do poder criativo da vontade. Isso desenvolve na alma ou na atividade uma semelhança com Deus. (Ver 262-63.)

> ... o espírito se move na direção em que é motivado pela vontade e pelo desejo.
> 262-64

Os desejos físicos que não são espiritualizados impedem o desenvolvimento da consciência da unidade com Deus.

"Em oração, eu pedi por três coisas. Todas elas eram desejos físicos: uma era pela proteção do nome da família, outra era por conforto e outra por algum trabalho para fazer. A oração foi atendida, mas não trouxe paz nem harmonia; só discórdia, problemas e mais responsabilidade. Seja onde for que estivermos, se tivermos o espírito de Cristo, haverá paz."[2]

Desejos mentais

O desejo é aquele impulso que estimula a atividade do corpo mental, quer ele seja produzido pelo ambiente que afeta o organismo físico, quer seja aquele que impulsiona o corpo espiritual ou alma para uma atividade.

Os desejos físicos que continuam carnais podem tornar-se poderes do mal quando fortalecidos por uma mente cuja intenção seja maldosa. A mente do homem, com sua habilidade para fazer comparações, raciocinar, ter reações através dos sentidos, pode ser levada a forças de atividade tais que criam para o homem o ambiente que o cerca e mudam até mesmo suas influências hereditárias.

Os desejos mentais que visam enaltecer a nós mesmos, louvar a nós mesmos, elevando-nos acima dos nossos semelhantes, fazem com que os desejos carnais se transformem em obstáculos na nossa existência. Uma das leis imutáveis é que tudo aquilo com que *a mente de uma alma* se ocupa se transforma em realidade; pois a mente é que constrói. Se a mente estiver em sintonia com a força que criou a alma, sua atividade se torna espiritualizada; se a mente se fixar ou for dirigida por influências carnais, ela se torna destrutiva.

> Que Tua vontade, ó Deus, seja o meu desejo! Que o desejo do meu coração, do meu corpo, da minha mente sejam a Tua vontade, Ó Pai, nas experiências que eu possa ter na Terra!
> 262-63

---

2. E.P.

Quando vivemos a vida e cumprimos nossas tarefas de acordo com as leis que se manifestam nos atributos espirituais, descobrimos que crescemos em graça, em conhecimento e na compreensão de Seus caminhos. Oremos assim: "Senhor, usa-nos; que o que consideras ser melhor seja feito em nós e através de nós agora." Haja em nós a mente que estava Nele, que nada pediu para Si mesmo, mas seguiu fazendo o bem.

O nosso propósito e a nossa vontade estimulam desejos que crescem e tomam conta da mente, assim como os hábitos tomam conta do corpo. Lembremo-nos outra vez de que a mente é que constrói, quer receba seus princípios das forças espirituais ou das forças carnais. Se queremos crescer, temos de manter a mente em canais construtivos. Sabemos que a fonte de tudo o que se constrói é Ele, que declarou que é o caminho, a verdade e a luz. A Terra foi criada por Ele. Somos Dele por criação, Dele por posse, Dele por aquelas promessas que Ele fez aos filhos do homem. Qual é o nosso desejo? O que faremos com este homem chamado Cristo?

Desejos espirituais

Vamos nos esvaziar dos desejos cujos propósitos sejam físicos para que a nossa atitude espiritual possa ser glorificada na nossa caminhada diante de nossos semelhantes. O maior desenvolvimento da nossa alma só ocorrerá se perdermos a nós mesmos de vista, espiritualizando nossos desejos materiais e buscando cada vez mais a Consciência de Cristo. No jardim onde o Mestre orou: "Meu pai, se é possível, afasta de mim este cálice; contudo, não seja como eu quero, mas como Tu queres",[3] vemos a carne lutando com o espírito e vemos a espiritualização do desejo.

Ao unir os desejos físicos com a vontade do Pai, passaremos por situações semelhantes àquelas de Jesus, que se tornou o Cristo. Oremos então para que seja feita a Sua vontade em nós e através de nós, que desejemos ser canais de bênçãos para os outros, do modo e da maneira que Ele considerar melhor! "Não a nossa, Ó Senhor, mas a Tua vontade." Isto é espiritualizar os desejos físicos.

Ao estudar o desejo, podemos nos perguntar se é necessário desistir de todos os desejos físicos para desenvolver a espiritualidade. Não é necessário desistir deles, mas é necessário espiritualizá-los para que os nossos desejos possam ser os desejos Dele, e os desejos Dele, os nossos. "Ao que te ferir numa face, oferece-lhe também a outra; e ao que te houver tirado a capa, nem a túnica recuses",[4] são exemplos de desejo espiritualizado, pois, ao fazer isso, o desejo de vingança é espiritualizado através do amor e do perdão.

---

3. Mateus 26,39   4. Lucas 6,29

Esta experiência é um exemplo: "A certa altura, tive de escolher entre unir-me aos que passavam preparando o caminho para a chegada do Seu reino e aceitar a facilidade e os prazeres que o mundo me oferecia. Para mim, era um grande consolo saber que o Mestre teve uma escolha semelhante a fazer, e que no seu amor Ele superou os desejos da carne. Minha oração foi: Não consigo suportar isso sozinho, meu Salvador, meu Cristo, amparo-me em ti."[5]

O Evangelho de Jesus Cristo é o evangelho do amor e do perdão. Para ser como Ele, é preciso espiritualizar o desejo, fazendo o bem para todos em Seu nome. Temos de desejar que o Senhor nos use como canais de bênçãos para todos aqueles com quem entrarmos em contato no dia-a-dia, e que aconteça conosco tudo o que for necessário para nos purificar completamente; pois quando nossa alma brilha na lida diária, nas conversas, nos pensamentos, na meditação, é então que espiritualizamos os nossos desejos na Terra.

Como Ele ensinou: "É necessário que haja escândalos, mas ai do homem pelo qual o escândalo vem!"[6] Que os nossos desejos sejam tão isentos de egoísmo que nunca mais possamos pecar contra o nosso próximo. Temos de ser o braço, o ombro, aquele em que alguém pode se encostar à medida que toma consciência do amor do Cristo em sua existência.

Quando sofremos por causa das ações dos outros e percebemos que o sofrimento nos tornou mais brandos e compreensivos; quando olhamos para quem nos causou o sofrimento com compaixão e desejamos que só lhe aconteça o bem, então o nosso desejo de vingança se transformou num desejo espiritual.

As forças físicas estão nos domínios da matéria. As forças mentais são tanto espirituais quanto físicas em sua reação ao corpo e às condições mentais, espirituais e físicas que nos envolvem. Se nossos propósitos forem espirituais e nos apegarmos a eles, seremos mais capazes de enfrentar e superar condições adversas no plano material. Toda força, todo poder que se esteja manifestando como uma força no plano material tem sua origem no espírito; e quando se fazem aplicações de natureza material, elas têm de se coordenar com o mental, o espiritual e o físico a fim de que condições melhores possam se manifestar nas coisas materiais.

As graças de Deus são suficientes para aqueles que confiarem Nele. O Pai terá mudado? Terá Ele deixado de cumprir Suas promessas?

Ele prometeu atender a todos segundo o modelo de misericórdia dado no Monte. "Chegai-vos para Deus."[7] "...e sereis o Meu povo, e Eu serei o Vosso Deus!"[8] Seus filhos serão aqueles cujos desejos são os Seus desejos. Quando adotamos essa atitude, não temos medo, pois "o que teme não é perfeito no amor".[9]

---

5. E.P.   6. Mateus 18,7   7. Tiago 4,8   8. Jeremias 11,4   9. I João 4,18

A sabedoria do desejo altruísta

Se as nossas atividades forem tais que provoquem a satisfação de interesses egoístas de fama e fortuna, elas são físicas. Se forem tais que provoquem na nossa vida o desejo de expressar o amor, a paciência, a perseverança, a gentileza, a delicadeza, o serviço aos outros, então elas estimulam o desenvolvimento espiritual. Se queremos saber se escolhemos sabiamente, devemos nos perguntar: "Qual é o desejo que está sendo satisfeito pelos atributos dos relacionamentos em que entrei?" Se a tônica for a exaltação dos desejos físicos do próprio eu, então ele é carnal. Se for a criação de um canal de expressão para o bem, é espiritual. Quanto às escolhas, nós mesmos temos de fazê-las. Cada qual colhe o que semeou. A ambição, a não ser que seja provada no cadinho de Deus, é em si mesma um pecado. Não se trata de não devermos ser ambiciosos — mas antes de que devemos ambicionar que o guia seja Deus, e não nós mesmos.

Quando nos vemos nos planos espiritual, mental ou material, vemos refletido na nossa experiência o modo como usamos na prática o conhecimento já obtido. O uso que damos às nossas capacidades e oportunidades dá fruto no devido tempo. Estaremos sentindo a paz interior ou estaremos repletos de dúvida, de medo e de consternação. Queremos ter paz? Então tornemos pacífica a vida daqueles a quem amamos, daqueles contra quem temos um ressentimento, daqueles com quem não nos preocupamos. Se queremos receber amor, sejamos amorosos até mesmo para quem, segundo o nosso entendimento, não mostra consideração pelos caminhos Dele. Pois os acontecimentos da vida são experiências e expressões de uma alma que busca. O que, na existência humana, pode ser mais assustador do que estar perdido, embora se esteja procurando? O medo e o tremor nos assaltam, mas deixaremos que Ele entre? O espírito Dele faz com que o nosso espírito e a nossa alma conheçam o amor do Pai. Os trabalhos árduos durarão pouco tempo. Estamos vivendo na eternidade agora.

Honremos e louvemos aquelas coisas que nos tornam conscientes de Sua presença morando entre nós; pois as promessas Dele são certas, e os que andam com Ele o conhecerão.

O preço tem de ser pago! Não existe isso de receber sem dar. Se queremos ter vida, temos de dar vida. Se queremos ter alegria, temos de levar alegria à vida dos outros. Se queremos paz e harmonia, temos de criar paz no eu e nos nossos relacionamentos com os outros. Esta é a lei, pois os semelhantes se atraem. Não colhemos azeitonas em pés de cardo ou maçãs em pés de amoreira-preta, nem encontramos amor no ódio.

"Sejam agradáveis as palavras da minha boca e a meditação do meu coração perante a tua face, Senhor, meu rochedo e meu redentor!"[10] Possamos ter a sabedoria de escolher que o Teu desejo seja o nosso desejo.

---

10. Salmos 19,14

Conclusão

Saibam que o que optamos por fazer tem uma influência construtiva dentro de nós e naqueles que estão ao nosso redor; além disso, tenham cuidado. As coisas que dão prazer e bem-estar nas associações materiais da vida não são erradas, a menos que nós as adoremos ou usemos para fins egoístas. As coisas da Terra passarão, mas o amor que nos sustém na hora da prova fica conosco para sempre. Sabendo disso, deixemos o nosso coração cantar. Isso não é impossível: basta olhar mais profundamente para o coração da rosa; ouvir a canção do pássaro; ver as pinturas do rosto Dele no acaso; ver o encanto do raio de luar que transforma tudo no brilho da Sua glória; ver na gota de chuva, na tempestade, em toda natureza e até mesmo nas coisas feias da vida dos homens, o desejo de expressar o amor em vez do ódio, a harmonia em vez da discórdia! E quanto aos resultados, deixem-nos por conta Daquele que dá a vida e que tira a vida; pois "Do Senhor é a terra e sua plenitude, o mundo e os que nele habitam".[11]

Vamos preencher a mente com o desejo de saber que somos do Senhor e que Ele atuará em nós e através de nós, guiando nossas mãos e pés nos caminhos da vida para que possamos ser canais de bênção para todos os que encontrarmos.

Venham — venham! Tornemos conhecidos os nossos desejos na luz do que foi prometido por Ele, que é a Luz e o Caminho para os que procuram conhecer melhor a bondade do Pai. Tornemos conhecido o desejo do coração, de ser um com Ele. Não devemos esmorecer diante das provas, das tentações e das fraquezas, pois Ele nos chamou. Não O ouviremos? Ele é capaz de realizar o que prometeu na nossa existência material, mental e espiritual. Não vamos deixar que o mal nos vença, mas vençamos o mal em nome Dele.

Toda alma vai das coisas *terrestres* para as coisas *celestes*, das coisas materiais para as coisas mentais e espirituais, e em cada um destes reinos a consciência da alma busca expressão naquele campo particular de atividade que ele construiu dentro do seu eu interior. A alma vive para tornar-se cada vez mais consciente de morar, viver e existir em Consciência Crística.

Vinde, meu filhos, vós que buscais o Senhor; Ele está no meio de vós. Persististes em vossos estudos, na vossa preparação para aqueles que buscarão através destes canais conhecer mais do que o vosso Senhor, o vosso deus quer que façais. Não fiqueis satisfeitos, mas contentes de serdes um canal de bênçãos para os vossos irmãos. Assim sede como o fermento que levedará a massa, pois há alguns entre vós que ouvirão a voz Dele — e Ele andará e falará com aqueles que estão dispostos a aceitar, *alegremente*, que Ele, vosso irmão, vosso Cristo, vosso Salvador, oriente vossos caminhos. Mantendo a fé.

262-67, A-20

---

11. Salmos 24,1

Pai nosso que estais no céu,
Santificado seja o nosso nome.
Venha a nós vosso reino. Seja feita a vossa vontade, assim na terra, como no céu.
Atendei, amanhã, às necessidades de nosso corpo.
Esquecei as nossas ofensas, assim como nós perdoamos os que nos ofenderam e os que ainda nos ofendem.
Sede o nosso guia em tempo de tribulação, de torvelinho e de tentação.
Levai-nos por caminhos corretos pelo amor do Vosso nome.

378-44

Vinde, crianças que buscais a luz! Abaixai vossas cabeças em louvor ao Filho. Pois o caminho para cada um que busca a Sua face está sendo aberto diante de vocês. O Filho do Homem, o Cristo, o Vosso Senhor está no meio de nós até mesmo em vossos corações — basta abrir as portas para Ele!

262-63

Lição V

O DESTINO DA MENTE

Afirmação

Senhor, Vós sois a minha morada! Em Vós, Ó Pai, eu confio! Deixai-me ver em mim mesmo, no meu irmão, que Vós abençoais no Vosso Filho o Dom que me destes, para que eu possa conhecer Vossos caminhos! Vós haveis prometido, Ó Pai, ouvir o chamado de vossos filhos! Ouvi, para que eu possa permanecer no caminho, para que eu conheça a glória do Vosso Filho assim como prometestes Nele, que através Dele obteríamos acesso a Vós! Portanto, Ó Deus, só Vós podeis salvar! Só Vós podeis guardar os meus caminhos!

262-73

V
O DESTINO DA MENTE

[Baseado nas leituras de Edgar Cayce, de 262-73 a 262-90]

Introdução

Chegamos, na nossa busca de Deus, ao limiar de um novo ciclo. As informações que agora vamos estudar podem parecer em desacordo com o que tem sido apresentado por muitos outros. A verdade só pode ser provada pelos resultados. Se quisermos ser orientados pelo Espírito que conduz à verdade total, é de se esperar que muitas provas apareçam na nossa vida. Só nós podemos julgar o que é verdade para nós mesmos.

Nossas três próximas lições serão sobre o destino: o Destino da Mente, o Destino do Corpo e o Destino da Alma. A primeira lição, o Destino da Mente, trata da mente na sua relação com os vários atributos dos corpos mental, físico e espiritual.

A mente é de Deus. Foi dada como uma graça ao homem *para que o homem, para que a alma* possa ser a companhia predileta, unida, da mente do Criador. Portanto, a mente, uma força criativa semelhante a Deus, é impelida por um impulso espiritual a construir uma unicidade com o Criador. Suas várias fases deixam muitas pessoas confusas, mas tudo fica claro quando unimos a nossa mente, o nosso *propósito* e os nossos *anseios* com o nosso Ideal e quando compreendemos que o Senhor nosso Deus é o único Senhor.

Destino

O destino é uma lei, uma lei imutável, tão duradoura quanto o que trouxe tudo à vida. Ela se expressa em todas as esferas da manifestação. Vemos os seus sinais aqui e ali, escritos nas experiências de todos os que encontramos pelo caminho.

O destino é aquela lei imutável estabelecida pela Mente que deu vida aos mundos, ao universo, à terra, ao homem. Esta MENTE, Deus, deu ao homem uma alma, uma porção Dele mesmo; e, quando o homem caiu, Ele forneceu um canal, um caminho, um acesso ao trono de graça, de misericórdia e de verdade, através do Filho. A alma é aquela parte de nós que precisa estar de acordo com o Pai, na presença do Pai. A carne e o sangue — enquanto não forem espiritualizados como Ele, o Cristo, espiritualizou o Seu corpo — não podem herdar a vida eterna. Entretanto, em última análise, a força motivadora de cada átomo do corpo físico é a Mente da Energia Criativa.

"Passará o céu e a terra, mas as minhas palavras não passarão."[1] O que é esta lei do destino? Qual é esse evangelho? O que é esse julgamento? Qual é essa verdade? Ela se resume em: "Porque como imaginou na sua alma, assim ele é",[2] ou "E como quereis que os homens vos façam, da mesma maneira também fazei a eles";[3] ou é respondida no novo mandamento do Mestre: "Amai-vos uns aos outros."[4] Sim, toda a lei se realiza no amor, em "amarás a teu próximo como a ti mesmo".[5] "O Senhor... não quer que alguns se percam, senão que todos venham arrepender-se."[6] Indagamos: será isso possível em setenta anos na Terra? Será que a hora do nascimento, o lugar e o ambiente influenciam o nosso destino? Os dias, os anos, os números o influenciam? Sim, e mais ainda. Todas essas coisas são sinais, lembretes, marcas ao longo do caminho. Mas estes sinais não determinam um destino; pois o destino da mente, da alma e o corpo estão Nele. Nada do que fizermos nos dá a justiça (262-75); esta provém unicamente da misericórdia do Pai exemplificada no Filho, que provê o destino da mente, do corpo e da alma nos esforços e nos ambientes da existência de cada qual. O caminho é tão óbvio que não há necessidade de hesitações para os que depõem Nele sua confiança.

Sejamos cuidadosos; pois o dia do Senhor se aproxima para muitos. Enquanto nos admiramos, interroguemos o coração e tenhamos a certeza de que, como outrora, essa fé é considerada como justiça para os que amam o Senhor. A alma que busca certamente encontrará. A alma que põe em prática, dia após dia, o que ela sabe pode encontrar mais rapidamente paz e amor na Terra. "E sabemos que todas as coisas concorrem para o bem daqueles que amam a Deus, daqueles que são chamados por seu decreto."[7] Nessa fé saberemos que o nosso destino está Nele.

A mente em relação ao corpo mental

Existe o triuno — o corpo mental, o corpo espiritual ou corpo anímico e o corpo físico, e esses corpos são um só. Eles, em suas esferas de atividades, têm seu atributos, seus preceitos e seus ideais. O que descobrimos no físico é uma manifestação material de um conteúdo espiritual construído pelo aspecto mental. Ao construir os ideais, o corpo mental ou a mente constrói a partir do que é espiritual (e, portanto, eterno) ou a partir do conteúdo material

---

1. Marcos 13,31   2. Provérbios 23,7   3. Lucas 6,31   4. João 13,34
5. Romanos 13,9   6. II Pedro 3,9   7. Romanos 8,28

que muda de acordo com as estações, ambientes e pontos de vista nas experiências de vida.

No início, Deus criou o céu e a terra. A mente de Deus se moveu e a matéria com forma passou a existir. A mente, então, em Deus, no Pai, é o construtor. A mente em si mesma é tanto material quanto espiritual. O que se expressa ou manifesta em coisas materiais pertence ao físico, pois a matéria é uma expressão do espírito em movimento. O que se expressa ou manifesta no espírito, sem tomar corpo ou forma, pertence ao espírito; no entanto, pode ser manifestado nas experiências de uma pessoa. A mente pode funcionar sem forma ou corpo, mas o Ideal é da Força ou Espírito invisível.

Assim, a mente é a influência móvel que promove o crescimento dentro de nós e provoca as expressões na materialidade. Qual é, pois, o significado de "Porque como imaginou na sua alma, assim é?"[8] É assim que surge o crescimento. Nas coisas materiais, como descobriremos com respeito ao Destino do Corpo, o homem é aquilo que ele come. Portanto, somos o que pensamos. Decretamos como destino o crescimento das influências na nossa existência, aquilo que faz realizar o propósito pelo qual nascemos, ou fazemos o contrário. Não podemos mudar isto ou aquilo com um pensamento, mas *pelo raciocínio constante, pela construção constante*.

Cristo veio ao mundo para nos ensinar a pensar construtivamente, para que pudéssemos retornar ao nosso estado original. "De sorte que haja em vós o mesmo sentimento que houve no Cristo Jesus, que... não considerou usurpação ser igual a Deus."[9] Ele viveu na Terra, na matéria, mas com a mente, com o pensamento, com a manifestação da Força Criativa em toda fase de expressão. Por meio do dom de Deus de um livre-arbítrio para a alma, cada ser está dotado com o poder de usar essa força construtiva, a mente, para glorificar o eu ou entrar em sintonia com Deus.

Quando contemplamos, quando meditamos, temos de saber o que estamos buscando. Qual é o nosso ideal? O que gostaríamos que a nossa mente-corpo se tornasse? Lembremo-nos que ela se transforma naquilo de que se alimenta, por pensamento ou por assimilação, por atividade, por força radial, pela influência atômica ou pelas influências de atividades em qualquer esfera em que se encontre. Freqüentemente, ficamos confusos ao tentar analisar a fonte de nossos impulsos. Não conseguimos dizer se vem da atividade da mente física ou de alguma força espiritual indefinida. O resultado é que, provavelmente, nos dedicaremos a interpretar a diferença entre o conteúdo espiritual e a necessidade física desse impulso. O que foi estabelecido? O que fazemos com o que sabemos é que traz crescimento; pois o primeiro movimento da mente a partir do aspecto espiritual, ou a partir do aspecto material, sempre

---

8. Provérbios 23,7   9. Filipenses 2,5-6

é um aspecto da nossa atividade. Portanto, fixemos nosso Ideal n'Aquele que mostra o caminho e saibamos em quem pusemos a nossa fé.

A mente em relação ao corpo físico

As almas optam por manifestar-se em corpos materiais, e assim a mente encontrou uma forma de expressão no plano físico. A mente ainda é a força que constrói. Através da ação da mente física, da nossa atividade, da comida que ingerimos, o próprio contorno e expressão de nossos traços são moldados gradativamente. Somos um organismo que participa de tudo o que nos rodeia.

Impõe-se naturalmente a questão: O destino da nossa mente é estabelecido na hora do nosso nascimento na matéria quanto ao que haveremos de pensar, qual será o nosso ambiente e qual será a duração do nosso período de expressão na Terra? Estamos destinados a ter esta ou aquela experiência? É preciso lembrar que nossa escolha, nossa vontade acrescenta algo ao padrão que estamos criando. Esse padrão determina que passaremos pelas experiências que forem necessárias para nos dar maiores oportunidades de nos adaptarmos ao objetivo para o qual viemos à existência. Assim nós nos transformamos naquilo em que a nossa mente trabalha nos seus pensamentos, nos seus objetivos. Isto por acaso nega o que o Mestre ensinou: "E qual de vós, com todos os vossos cuidados, poderá acrescentar um côvado à vossa estatura?"[10] Isso indica — ou antes, assegura aos que aceitam o que Ele ensinou — que o pensamento, o crescimento nunca é alcançado através da inatividade, mas através de uma atividade constante.

Temos então algo a ver com os nossos dias na Terra? Como lemos: "Honra teu pai e tua mãe, para que se prolonguem os teus dias na Terra que o Senhor, teu Deus, te dá."[11] Nesse caso, depende de nós? Depende da dádiva do Pai? Depende de ambos, "Porque Nele vivemos, nos movemos e existimos".[12] Se pensarmos e vivermos a vida de amor Nele, que é a Vida, que é o Amor, cumpriremos o destino que Ele propôs para nós.

A mente em relação ao corpo anímico

O que pensamos, o que introduzimos na mente para elaborar, viver, nos alimentar, nos abrigar, isso se torna o nosso corpo anímico. Essa é a lei, visto que no início todo pensamento do Criador traz em si mesmo os próprios frutos. O que propaga a espécie na semente do carvalho, da grama, do animal ou do homem? É a força ativa que se move no seu campo de atividade, dando expressão àquele primeiro pensamento das Forças da Criação. Isso é o destino, que os *orientais* dizem ter sido estabelecido desde o início. Mas esta é só

---

10. Mateus 6,27   11. Êxodo 20,12   12. Atos 17,28

meia-verdade: pois se a mente gira em torno de coisas espirituais, segue-se que ela se torna espiritual; se a mente gira em torno do próprio umbigo, do auto-engrandecimento, da auto-exaltação ou do egoísmo em qualquer uma de suas formas e variações, então ela entra em desacordo com a Primeira Causa. Mesmo antes de nos encararmos — a verdade, através da mente, estava em desacordo com as Forças da Criação.

Esta lei — "Ouve, ó Israel: o Senhor, nosso Deus, é o único Senhor"[13] — permitiu que o homem compreendesse a verdadeira natureza do Pai: Um, da eternidade à eternidade. Quando nos tornamos construtivos no pensamento, criamos em nossa experiência o conhecimento dessa unidade. Houve a batalha da dualidade entre carne e espírito desde aqueles períodos em que o homem se projetou pela primeira vez na carne. Enquanto a carne, como toda matéria, morre no plano físico, a alma não morre; pois ela é a própria vida, uma dádiva de Deus ao homem, e só pela paciência nós a poderemos possuir.

Sinais ao longo do caminho

No plano terreno, há certos sinais que os homens podem interpretar segundo a compreensão de cada um. Eles indicam o desenvolvimento atingido pela alma em suas viagens através de muitas esferas de existência e mostram o rumo escolhido pela alma para a presente vida. Muitos acham que esses sinais são encontrados no estudo da astrologia, da numerologia, da frenologia e da quirologia. Devemos ter muita cautela para não deixar que algum desses sinais se torne a influência dominante na nossa interpretação do destino, pois eles são todos sujeitos à vontade e indicam apenas o desenvolvimento já atingido e as nossas possibilidades.

Os sonhos, a astrologia, a numerologia, as vibrações de metais, pedras e assim por adiante, devem ser considerados apenas luzes ou sinais na nossa existência. São como velas para que não tropecemos no escuro. Não adoremos a luz da vela; antes, adoremos aquilo para o que essa luz nos guia. As vibrações dos números, dos metais e das pedras são meras influências para nos ajudar a entrar em sintonia com as Energias da Criação. O tom de uma canção de louvor não é a canção nem a força no serviço ao Senhor. Portanto, devemos usá-las unicamente para nos harmonizarmos. Como? À medida que aplicamos o que sabemos, nos é dada a oportunidade para o nosso próximo passo. Essas coisas nos transmitem mensagens! Eles somente nos sintonizam para que a Consciência Crística possa dar as mensagens. É a aplicação que promove o desenvolvimento em relação às condições ou experiências. O nascimento numa determinada data não estabelece isto ou aquilo. Faz parte do destino

---

13. Marcos 12,29

que surjam certas necessidades, mas é o que faremos com elas que promove as mudanças. Todo país, estado e cidade provoca suas próprias vibrações através das atividades de seus habitantes. A confusão surge quando muitos de nós tentam interpretar os sinais de acordo com as mudanças das vibrações que foram criadas meramente pela nossa vontade.

Ao buscar a luz, não confundamos os sinais com o objeto da busca, nem confundamos os impulsos que possam surgir de necessidades interiores, ou das emoções do corpo que tomam conta das forças espirituais, com o que as estimulou. Todo poder e toda força está Nele e está sujeito à vontade Dele. Nele está a luz que temos de buscar, para que nós, em corpo, mente, alma e propósito, possamos ser um com Ele. Ele é o caminho! (Ver 818-1.)

Os sonhos sobre situações físicas se realizam? Essas situações são estabelecidas durante o sonho? Por que sonhamos com determinadas situações? Isso poderá ser respondido para nós se lembrarmos que a lei de causa e efeito é imutável através da escolha em nossas experiências. Conseqüentemente, quando nossos pensamentos, propósitos, objetivos e desejos são postos em movimento pela mente, seus efeitos são como uma situação que já existe. Nos sonhos, sintonizamos nossa mente com aquele repertório de experiências que pusemos em movimento. Às vezes, a conexão pode ser perfeita, enquanto outras vezes pode haver estática ou interferência dada a nossa incapacidade de coordenar o pensamento com a experiência ou com o fato posto em movimento. O resultado de uma sintonia perfeita se evidencia na vida, pois alguns têm visões, outros são intérpretes do invisível; alguns são sonhadores de sonhos, outros de profecias, outros são curadores, outros ainda são professores; no entanto, tudo isso procede do mesmo espírito. Isso pode ter pouca coisa a ver com o destino, mas tem muito a ver com a mente, a mente anímica.

Conclusão

Somos viajantes na estrada que leva a Deus. Há muitos caminhos e muitos meios de transporte que podemos escolher. Os mestres podem nos orientar ao longo do caminho, mas ninguém pode nos mostrar o caminho todo a não ser Aquele que é o Caminho, e sob cuja guarda está o nosso destino.

> Por isso, conhecei o caminho, marcai-o. Pois, como Ele ensinou, embora venhais ao altar, à vossa igreja, ao vosso grupo ou ao vosso próximo, suplicando, não para vós mesmos mas para os outros; e suplicando que vós sejais exaltados, que sejais honrados, que sejais louvados pelos outros; Ele não pode ouvir o vosso pedido. Por quê? Porque um outro entrou convosco no vosso aposento, e Ele, o vosso Deus — que responde às orações, que perdoa através do Seu Filho — ficou de fora. Só em Seu nome, portanto, podeis pedir; pois, como Ele ensinou: "Quem não entra pelo portão no redil das ovelhas, mas pula o cercado, é um assaltante, um ladrão." [Os que roubam a si mesmos, deixando de atingir a perfeição através do Caminho.] [Ver João 10,1.]

Então, hoje, não quereis tornar a dedicar vós mesmos, o vosso corpo, a vossa alma, ao serviço do vosso Deus? E Aquele que veio prometeu: "Quando pedirdes em Meu nome, *isso* vos será dado na terra." Então não vos impacienteis se fordes considerados hoje como subalternos, como humildes servos, como alguém que está privado de alimento, de abrigo e daquelas coisas que tornariam o ambiente material melhor. Pois ficareis cansados de esperar, mas o Senhor não falhará; a eternidade é longa e, se quiserdes passar com aquelas coisas que são alegria, paz e harmonia, buscai a vossa segurança Nele. Como? "Cada vez que fizestes isso a um dos menores desses meus irmãos, a mim o fizestes." [Ver Mateus 25,40.] Basta que sejais gentis! Vosso destino está Nele. Vós o estais levando convosco em vossas associações com o próximo, ou estais buscando unicamente a *vossa* glorificação, a vossa exaltação ou a vossa própria fama, para serdes mencionados com louvor? Se fizerdes isto, vós O estareis excluindo de vossa vida.

Entrai em vossos aposentos, não os feitos com as mãos, mas os eternos, pois Ele prometeu encontrar-vos. Só aí podereis encontrá-lo e ser guiados àquelas coisas que tornarão a vossa vida, agora, cheia de felicidade, alegria e compreensão.

Assim como ouvistes, amai uns aos outros como Ele vos amou, desistindo do céu e de todo o poder e glória que a vossa mente possa imaginar, se encarnando para que através Dele pudésseis ter acesso ao Pai, Deus. Nele não há mutabilidade nem sombras. Então vossos atos e pensamentos não devem lançar sombra sobre vossos irmãos — tal como Ele. Pois Ele ensinou: "Sede perfeitos assim como vosso Pai celeste é perfeito." Vós dizeis: "Isto não pode ser feito nesta casa de barro!" Ele disse isso? Vos dizeis: "Isto é muito difícil para mim!" Ele resmugou, Ele vacilou? É verdade, Ele gritou, "Se for possível, Pai, afasta de Mim este cálice!" Sim, muitas vezes gritareis em voz alta, assim como Ele. Vós não podeis carregar o fardo sozinhos, mas Ele prometeu, e Ele é de confiança: "Se puserdes vossa confiança em Mim, eu vos guiarei..."

Então aceitai-o, em vossas alegrias, em vossas tristezas, em *tudo* o que se relacione convosco; pois só Ele tem as palavras da vida.

262-77

Lição VI
O DESTINO DO CORPO

Afirmação

Senhor, usai-me como bem vos aprouver, para que o *meu* corpo possa ser um exemplo vivo do nosso amor pelos irmãos de nosso Senhor.

262-84

VI

O DESTINO DO CORPO

[Baseado nas leituras de Edgar Cayce, de 262-73 a 262-90]

Introdução

No âmbito físico, temos o corpo, a mente e a alma. Cada um deles representa uma fase de experiência ou consciência. O corpo físico é o que se manifesta na Terra pela materialidade; é o que tomou forma. O destino do corpo depende de nós. Alguns acham que o corpo, sendo de terra, nasce na terra, morre e volta à terra. No entanto, nosso modelo é Aquele que desceu à Terra para que, através Dele, tivéssemos a vida e a tivéssemos em abundância, para que nós, dia após dia, hora após hora, pudéssemos compreender a revivificação e o rejuvenescimento do nosso corpo, até que, como Ele, chegássemos à consciência do homem perfeito. Isso pode exigir muitas experiências na Terra. Como é generoso o nosso Deus ao demonstrar tanta paciência e misericórdia por nós! Jesus usou as palavras "vida em abundância", existências em abundância, para mostrar a extensão da bondade de Deus para com Seus filhos, para que estes possam chegar a entender a unidade deles com Ele.

O destino da mente é tanto material quanto espiritual. Visto que a mente é o construtor, há uma relação muito íntima entre o destino da mente e o destino do corpo físico. É através da mente que o destino do corpo é gradativamente construído. Em Deus repousa o destino da alma, mas de nós depende o destino do corpo físico, através do gradativo processo de construção que o trabalho mental exerce sobre a consciência física. Portanto, o propósito da nossa atividade mental consciente deve ser o de harmonizar o raciocínio, que controla o corpo físico, com os propósitos mais elevados da mente espiritual.

A cada um de nós foi dado o controle sobre uma porção da vida. Possamos nós viver de forma a poder afirmar, como o Mestre: "Do que Vós me destes, Ó Pai, não perdi nada."

O que é o corpo físico?

O corpo físico é uma estrutura atômica sujeita às leis do ambiente, da hereditariedade e do desenvolvimento da alma. Cada átomo, cada corpúsculo contém todo o modelo do universo em sua estrutura. O corpo é composto por elementos de várias naturezas, que o mantêm em movimento e sustentam o seu equilíbrio. Ele é o canal, a casa, o pedaço de barro que é a morada da alma.

O corpo mental, o corpo anímico e o corpo físico são sombras do Triuno. O corpo físico é como um homem, o corpo mental é como o salvador do homem; pois é através da aplicação das influências mentais que controlamos e construímos o que se expressa tanto no físico como na alma. O corpo anímico é como o do Criador, pois ele, a alma, foi feito à imagem do seu Criador, para ser o Seu companheiro em espírito. O fato de o corpo físico ser o lar da alma durante sua passagem pelo mundo material é evidente para todos os que pensam nisso; o que fazemos com as oportunidades que nos são oferecidas em nossas várias experiências uns com os outros cabe a cada um de nós determinar.

Estamos conscientes do destino do corpo físico?

Nosso corpo é o templo do Deus vivo, da alma viva. Estará ele sujeito à corrupção? Perder-se-á acaso inteiramente, ou será glorificado, espiritualizado? Assim como o corpo é uma estrutura na qual manifestamos uma porção do todo, assim está ele sob a guarda do seu Guardião, inclusive dentro de nós. O que faremos com ele? Deus nos deu o livre-arbítrio. Ele mesmo, Deus, não sabe o que resolvemos fazer com nós mesmos — caso contrário, teria Ele se arrependido de fazer o homem? Deus não ordenou que a alma deve perecer. Mas, e quanto ao corpo? Nós o organizamos, vivemos de tal maneira, tornamos nosso templo tão inabitável que não nos cuidamos mais de vê-lo glorificado?

Tentamos enfeitar o corpo para os nossos semelhantes. Teremos menos consideração para com o nosso Deus? Nós purificamos o corpo, como ele ensinou, para que se torne sagrado como uma morada para a alma? O destino do corpo depende do que fazemos com as nossas oportunidades. Se quisermos ser como Ele, teremos de viver, teremos de nos conduzir de forma que o nosso corpo se torne um com Ele e seja ressuscitado na glória — sim, o nosso próprio corpo!

O fato de sermos chamados por um nome diferente em cada existência pode ser confuso para muitos; no entanto, quando dizemos Força Criativa, Deus, Jeová, Yah, Abba, não estaremos querendo dizer o mesmo? Sempre ao passar pelas várias experiências da consciência, temos o desejo (se buscarmos corretamente) de ser um com ele, de saber que somos nós mesmos e, no entanto, unidos ao grande Eu Sou. O destino do nosso corpo, portanto, depende de nós, e o que fazemos com ele em uma ou em várias existências é escolha nossa.

O que significa apresentar o corpo como um sacrifício vivo?

Devemos nos apresentar como canais de bênçãos para os outros. Ser uma bênção exige que nos apresentemos como um sacrifício vivo, como um exemplo vivo para os outros; no entanto, temos de compreender que este sacrifício não significa necessariamente desistir do corpo, significa antes glorificá-lo em vista de um propósito definido, de um ideal, de um amor.

Portanto, possamos nós, ao apresentar o nosso corpo através do que sabemos, mostrar um caminho no qual os outros possam ver a indicação necessária para despertar o sentido de sua existência. Isso transformará o ódio em amor, a guerra em paz. Nossos pensamentos também têm sua atividade na experiência de todos e criam a atmosfera ambiental da qual muitas vezes os outros tiram a influência motivadora de suas experiências.

Cada um de nós recebeu o controle sobre uma porção de vida (Deus). Sejamos exemplos vivos das coisas que Cristo, o Mestre, ensinou e viveu. Quando Ele nos exorta a prestar serviço aos outros, devemos responder: "Eu estou aqui", mesmo que aos outros pareça que fomos colocados no altar do sacrifício. Para os que amam os caminhos de Deus, trata-se apenas de um serviço razoável.

Como devemos usar este templo sagrado que é o nosso corpo?

"Porque ele não é mais que seus pensamentos."[1] Então devemos prestar atenção ao modo como pensamos; pois os pensamentos são coisas e podem tornar-se crimes ou milagres em nossa vida. É com o pensamento correto e a ação correta que mantemos o templo puro. Ele está à porta e bate. É preciso manter limpo o nosso templo, para que não possa entrar nada que de algum modo macule ou difame a morada do Altíssimo.

Mantenhamos o templo silencioso. Não permitamos que o barulho ou a confusão do mundo nos amedrontem ou interfiram de algum modo com o nosso culto. É possível estar no mundo sem pertencer a ele. Deixamos entrar e encontrar abrigo em nós apenas o amor, para que nos tornemos como Ele, que nos amou em primeiro lugar.

O modelo foi mostrado por Ele, que veio à terra para que tivéssemos um exemplo. Se quisermos ser como ELE, temos de conduzir a nossa vida de forma que o nosso próprio corpo seja ressuscitado na glória. Para tanto, a nossa mente e o nosso corpo têm de ser purificados de modo que venhamos

---

1. Provérbios 23,7

a conhecer a glória Daquele que tomou o Seu próprio corpo e o glorificou para que se tornasse um modelo para todos.

Que o espírito de Cristo nos guie a partir de nosso interior e que o caminho nos seja apontado. Não existe maior consciência do que a que temos quando Ele, que é o Criador, o Autor e o Aperfeiçoador da Vida, vem e mora dentro de nós.

Que nunca cheguemos a pensar que a oportunidade passou; pois a misericórdia de Deus não tem limites. Fazemos a escolha quando compreendemos que HOJE é o dia aceitável para o Senhor! Nunca é tarde demais para começar, pois a vida física é um esforço contínuo para abrir caminho num mundo material, com o que o homem se justifica diante do trono da graça. Porquanto o que fizerdes através do amor, através da bondade para com o mentor destes meus irmãos, vós o fazeis para Mim — esta é a maneira de cumprir a missão.

Com Deus tudo é possível. Não esperem resultados num dia, pois não semeamos num dia e colhemos no seguinte; colhemos quando o que foi sevado já cresceu. As indiscrições e sentimentos baseados apenas na satisfação material provocam pragas e ervas daninhas nas experiências do nosso corpo. O que tiver sido semeado em graça, verdade e justiça dará frutos da mesma espécie, pois não se pode zombar de Deus.

Se fizermos o melhor que pudermos, não temos de nos preocupar com os resultados. Podemos deixar os resultados por conta do nosso Criador. Façamos o bem, não apenas para sermos vistos pelos homens, mas para que a glória do Pai se reflita através da nossa bondade, da paciência e do amor fraterno. Essas atividades geram saúde, harmonia e compreensão.

Asseguremo-nos de que o nosso irmão, o nosso empregado — sim, o nosso próximo — tenham uma opinião tão boa de nós quanto a nossa própria. Se não tiverem, é porque o pecado mora à nossa porta. Isto não significa que devamos condenar a nós mesmos; pois sabemos que somos instrumentos de Deus, e devemos agir de acordo.

Deveríamos saber no nosso coração que o que for feito em segredo terá de ser proclamado do alto da montanha nesta mesma existência. Mesmo que a justiça ou a recompensa demorem mil anos, teremos de colher o que semeamos. Como o faremos? Com a nossa própria força? É melhor confiar na promessa: "Sereis, então, o meu povo e Eu serei o vosso Deus."[2]

O que faremos com este templo sagrado, este corpo? Purificá-lo, glorificá-lo para que tenha um valor inestimável quando voltar ao seu Criador.

O que significa ressurreição do corpo?

O corpo de matéria que tomamos assumiu várias formas, tamanhos e cores. Conseqüentemente, com qual corpo seremos ressuscitados?

---

2. Jeremias 11,4

O mesmo corpo que tivestes desde o início! ou o mesmo corpo que foi o vosso através das eras! Caso contrário, como poderia ele ser individual? O corpo *físico*, o pó, se dissolve; sim. Mas quando se condensa outra vez, o que ele é? O *mesmo* corpo. Ele não gera um corpo diferente!

262-86

Temos um comprimento de onda que nos pertence. Temos um raio de luz e nele temos de entrar e nele temos de voltar ao Pai; caso contrário, perdemos a nossa identidade. Então, temos de procurar purgar o corpo até que ele ressuscite glorificado e se una com o Todo, sem contudo deixar de ser nosso. Em outras palavras: conhecer a nós mesmos, ser nós mesmos e, no entanto, uma coisa só com Deus. Ele não é o Deus dos mortos, mas dos vivos.

Nosso Senhor ressuscitou e revivificou o Seu corpo. Ele é o nosso modelo. Assim nós, como Ele, temos de superar a morte, superar essa transição, superar a mudança consciente do ser em todas as matérias, em todas as fases, em todas as experiências, para que possamos nos unir a Ele, assim como Ele é um com o Todo.

Como encarar as experiências do corpo físico?

O que somos hoje é um resultado do modo pelo qual usamos as oportunidades que nos foram dadas por Deus, o Pai. Quando não levamos em conta o nosso relacionamento com a Primeira Causa, Deus, conhecemos as coisas que dizem respeito à satisfação dos desejos materiais, que com tanta freqüência nos assaltam e rendem. A semente de toda planta está dentro dela mesma; a semente de toda influência viva está dentro dela mesma. Portanto, em nossos atos com relação aos nossos semelhantes e com o mundo como um todo, os resultados de nossas experiências serão de acordo com o que semeamos, ou de acordo com o modo como lidamos com o nosso próximo.

É por meio da atividade que podemos nos tornar cada vez mais conscientes de como usamos nossas oportunidades. Se praticamos o erro, os erros se tornam cada vez mais proeminentes na nossa lida com os outros. Se a nossa atividade é altruísta, seremos semelhantes a Ele, que Se sacrificou pelo mundo. Seja como for que nos preparemos, haverá um tempo e lugar para usar o que preparamos.

Deixemos que a luz da Sua face nos guie. Ele, o nosso Senhor, é magnânimo para com aqueles que usam o corpo, a mente e as próprias capacidades como canais de expressão para Ele. Como sabem os que estão no plano material ou em qualquer plano de consciência, essas capacidades manifestadas são o resultado do uso das oportunidades por uma entidade individual nesta ou naquela experiência. É evidente, portanto, que a ajuda aos outros é ajuda para nós; pois ela se torna parte de nós mesmos e uma porção da nossa própria experiência.

O propósito pelo qual nossa alma optou por vir para o plano terrestre foi despertar o Divino interior, o que se faz através da manifestação dos frutos do espírito diante do nosso próximo. Então, devemos fazer com a nossa força o que as mãos encontrarem para fazer, deixando os resultados nas mãos Daquele que dá o progresso. Olhemos para cada experiência como um elemento necessário ao nosso próprio desenvolvimento, sabendo que Aquele que veste as aves do céu e os lírios dos campos ficará atento aos que amam os Seus caminhos.

Tudo na matéria, tudo na forma, começou primeiro de um impulso de influências mentais ou espirituais; e aquilo que as estimulou manifestou-se sob a influência da orientação divina. Todo erro, tudo o que é vergonhoso, tudo o que é destrutivo permanece sem força a menos que a receba do pensamento e da atividade mental. Não que a mera negação acarrete a inexistência dessas coisas; mas as influências destrutivas podem ser usadas como degraus para a criação de ambientes em que as provas, a tentação e as dificuldades sejam substituídas por experiências úteis; pois através das coisas que sofreu e superou, Ele se tornou o Rei dos reis, o Senhor dos senhores. Também nós podemos descobrir que, usando as nossas experiências corretamente, podemos trazer harmonia à nossa consciência, que é outro nome para a paz, para o bem, para a alegria. Pois conquanto a carne e o sangue que pertencem à Terra não possam ganhar ou conhecer a glória, o corpo, o verdadeiro corpo — não o superficial, mas o real — pode tornar-se consciente de si mesmo na presença do corpo de Deus, entre seus irmãos, e como uma porção do Todo.

Mantenhamos nossa fé inata na unidade do poder nas Forças Criativas; e assim como a expressamos na nossa atividade junto ao próximo, assim como a conservamos na meditação, assim como a conservamos na mente, assim ela será sentida em nosso eu interior. Tudo terá de passar pelo castigo, mas Ele o temperou com misericórdia e julgamento. Assim devemos temperar nosso julgamento, devemos ter paciência, devemos encontrar dentro de nós aquelas coisas que nos justificarão diante do Trono da graça. Se quisermos encontrar misericórdia, temos de mostrar misericórdia pelo próximo, sim, pelos inimigos, pelos que nos usam maliciosamente.

A morte da carne significa o nascimento em outra existência para os que vivem de modo a não se prender por laços terrenos. Isto não significa que a existência terrestre não existe, pois viemos ao plano terreno com o propósito de continuar a nos desenvolver rumo a uma atividade coordenada, e cooperando com a Energia Criativa, que se manifesta através das nossas atividades do mundo material. Na Terra, a escolha é feita pela vontade, enquanto entre as encarnações terrenas a escolha é condicionada pelo que foi realizado por nós na forma manifestada; pois temos de colher o que semeamos no corpo.

Como podemos ser aprovados?

Nosso corpo não passa de um canal através do qual a nossa alma pode manifestar os atributos do espírito da verdade no plano físico. Nós nos encontramos nesse estado em que estamos sujeitos às falhas, aos fracassos, às condições que atuam sobre nossas fraquezas. Estas podem agir por meio das influências ambientais e hereditárias ou através das associações; no entanto, temos a consciência de que, nas nossas existências, Deus, a Força Criativa, preparou o caminho para longe dessas coisas que tão facilmente nos aborrecem; basta apelar para Ele com sinceridade. Nossas atividades são fruto de nossa escolha voluntária. Foi-nos mostrado o modo pelo qual a Consciência Crística deve se manifestar na Terra através de Jesus. Ele veio como homem para evidenciar, através do Seu exemplo, o amor, a paciência e a esperança. Isto Ele o fez através da Sua Atividade, para que possamos escolher, como Ele, fazer o que é correto, justo, sincero e honesto em nossas atividades uns com os outros. "Cada vez que fizestes isso a um dos menores desses meus irmãos, a mim o fizestes."[3]

O caminho é simples. No entanto, os que buscarem por meio dos mistérios da natureza, os mistérios das manifestações de vida na Terra, ou aqueles que derem atenção às atividades do próximo, dos amigos ou associados, em vez de ouvir a silenciosa vozinha interior, ficarão confusos, surpresos, e em seguida assustados, até chegar um tempo em que a segurança do eu irá faltar.

Então, quais são as exigências para que nos tornemos conscientes da presença Dele dentro de nós? São que manifestemos amor, paciência, esperança, caridade, tolerância e fé na vida diária. Essas palavras, essas expressões podem estar dentro de nós como objetos visualizados, e quando os manifestamos nas conversas, no exemplo, nas lições para os que encontramos todos os dias, nos tornamos conscientes da Consciência Crística.

Conheçam a verdade pelo amor da verdade. "O céu e a terra passarão, mas as minhas palavras não hão de passar."[4] Não deixemos, pois, que os cuidados do mundo, a ilusão da riqueza, a pompa, a glória ou a fama nos impeçam de usar em nossos relacionamentos com o próximo essas leis através das quais nos tornamos conscientes da Sua presença.

As ofensas virão, é verdade, mas ai daquele por quem elas vêm!

Que não fiquemos orgulhosos por fazer o que sabemos que é correto. Que nossas atividades sejam positivas, que nosso amor seja sem dissimulação. "Odiai o que é mau e abraçai o que é bom."[5]

Assim como vimos o que acontece no nosso próprio corpo por meio do impulso da natureza, por meio dos remoinhos das doenças e até mesmo por

---

3. Mateus 25,40   4. Marcos 13,31   5. Romanos 12,9

meio das maravilhas da aflição, assim também vimos aquelas influências, aqueles poderes da natureza que são as manifestações do amor Dele pelos homens; sabemos que fracos ou fortes, só Nele nos podemos apoiar para obter força. Ele preparou um caminho. Em qualquer fase da nossa existência somos apenas canais de ajuda para dar compreensão aos outros. Sua presença está em nós e conosco.

O destino do corpo depende de nós. Só um corpo perfeito pode voltar ao Criador. (Ver 696-3.)

Lição VII

O DESTINO DA ALMA

Afirmação

Senhor, permiti que eu — minha mente, meu corpo, minha alma — esteja em harmonia Convosco; que eu — através de Vossas promessas Nele, Vosso Filho — possa conhecer-vos cada vez mais.

262-88

VII
O DESTINO DA ALMA

[Baseado nas leituras de Edgar Cayce, de 262-73 a 262-90]

Introdução

No seu estado natural, o homem é alma. No início, todas as almas foram criadas à imagem do Criador. Portanto, a primeira criação foi espiritual.

O desenvolvimento das almas num mundo material é como um tecido feito pela urdidura e trama dos materiais que juntamos através de nossas experiências em todos os planos de consciência. Em nossos trajetos pela Terra, usamos muitos tipos de roupas — roupas de trabalho, uniformes de presidiários e vestidos de noiva. É exatamente assim que formamos, dentro da nossa alma, através da mente dirigida pela vontade, uma realidade divina e elevada, por um lado, ou egoísta e degradante, por outro. O que construímos dentro da alma lhe dá a oportunidade de ocupar uma posição de honra ou de desonra. Por meio da vontade, entretanto, podemos transformar os fatos degradantes em degraus para chegar a posições de honra. Isto também deixa marcas na alma. Nossa vontade é um atributo divino; o modo como a usamos determina o nosso destino. Toda alma é um rebento da Energia Criativa, de DEUS, e é o resultado da maneira pela qual manifestou a prerrogativa da VONTADE.

Procuremos entender que a vida, na sua essência, é uma força espiritual, e é contínua. O ponto de expressão pode estar na matéria, como aqui na Terra, ou em qualquer dos diferentes planos de consciência, mas a mente é a força movente universal que atua e constrói através de todos os planos e, gradativamente, desenvolve a compreensão da nossa própria individualidade naquela Força Criativa que adoramos como Deus.

A criação da alma

A alma pertence a Deus. Ela tem seu começo em Deus e termina unicamente Nele. Pronunciar o nome de Deus é reconhecer que fazemos parte do Todo, e sabemos porque somos do Todo. A nossa alma, como parte da Energia Criativa, veio à existência e recebeu o alento pela vontade do Pai, para que pudesse ser uma companhia para Ele em Sua atividade. Nossa alma é eterna, contém o eterno poder criativo e, através das expressões desse poder, chegamos a saber que somos um com Ele. Logo, o destino da alma, como de toda a criação, é unir-se ao Criador.

A manifestação da alma sob forma espiritual, mental e física é uma entidade. Mesmo que a nossa alma se tenha perdido, mesmo que ela tenha feito sua cama no inferno, mesmo que tenha tomado as asas da manhã e voado para os mais remotos lugares do universo, finalmente ela terá de descobrir o caminho de volta à fonte de onde veio, Deus, o seu Criador.[1]

Nossa alma é imortal. Como seria possível um Espírito morrer? Como seria possível Deus morrer? Como seria possível Deus destruir a Si mesmo? Talvez a nossa alma opte por encarnar-se em vários corpos, talvez busque experiências nesta ou em outra esfera de consciência, no entanto sempre está em busca do caminho de volta ao lugar de onde surgiu. Qual é a origem da alma? Qual é a origem da eternidade? A eternidade vai de eternidade a eternidade. "Quando as estrelas da alva juntas alegremente cantavam"[2] — nós estávamos presentes. Quando os céus se enrolarem como um livro, e não houver mais o tempo, atenção — estaremos presentes. Agora, como no começo, somos filhos de Deus, e o nosso destino é sermos reis e sacerdotes de Deus.

A associação da alma com a mente e o corpo

A imagem do Criador é o corpo da alma, uma companhia espiritual da Força Criativa. Isso é maravilhoso demais para ser descrito. Ela, como Deus, tem de ser experimentada para ser conhecida. O corpo físico é simplesmente uma morada temporária para nossa alma. Através das experiências físicas, temos a oportunidade de usar e de direcionar os poderes da alma que nos foram emprestados por Deus. O modo como usamos esses poderes na relação com os outros mostra o conceito ou o grau de percepção da nossa sintonia com Deus.

Em suas jornadas pela terra, a alma, através da vontade, atrai muitas experiências que podem resultar em confusão, agitação e luta, ou num entendimento mais profundo dos propósitos da vida. Por exemplo, se ofensas, desrespeito e palavras indelicadas forem dirigidos contra nós e continuarmos imperturbáveis no nosso interior, conseguindo nos elevar acima do desejo egoísta de devolver o ataque, conseguiremos entender o que Jesus ensinou quando Ele insistiu que buscássemos nos harmonizar com o Pai. Jesus também se superou deste modo e sabia que também nós podemos superar as mágoas, as tentações ou os maus-tratos. Com Ele como modelo, não sentiremos em

---

1. Ver Salmos 139,8-9   2. Jó 38,7

nosso íntimo o desejo de revidar as ofensas. Cada vez que nos ressentimos, aumentamos esses impulsos perturbadores que se transformam em pedras de tropeço para nós. Portanto, podemos usar essas coisas — que, do contrário, provocariam palavras impensadas e a raiva por estarmos sendo ameaçados — como degraus para chegar a um entendimento mais perfeito e a uma compreensão melhor do fato de estarmos em sintonia com o Caminho Dele.

À medida que nos dedicamos, que dedicamos o nosso amor, a nossa paciência e a nossa gentileza, por mais árduo que isto seja, a ajudar os outros, aprendemos o Seu Caminho e podemos confiar que Ele nos ajudará. Se deixarmos que a beleza da vida Dele nos guie, aquelas coisas que nos perturbam em forma de tentação e aquelas coisas que nos atemorizam podem ser lançadas sobre Ele, que prometeu nos ajudar a carregar o nosso fardo.

Convém entender que a alma assume o corpo físico como um meio através do qual poderá cumprir os mandamentos que contribuem para o seu desenvolvimento. Essas oportunidades surgem na lida diária com os nossos semelhantes. Nossa entrada para o plano terreno tem, em qualquer tempo, a finalidade de recebermos mais uma lição, outra oportunidade para que a alma possa se expressar. Nosso conhecimento da lei não é suficiente em si mesmo; no entanto, quando o conhecimento é tornado ativo e prático, ele se torna a força inspiradora da nossa vida. Deixemos que nosso corpo carnal se torne um canal através do qual a Energia Criativa possa transformar-se numa força *ativa*, pela qual aos poucos nos tornaremos mais conscientes da nossa própria identidade no Criador.

Através da observação cotidiana das leis espirituais conforme nosso entendimento, podemos nos tornar *conscientes da nossa alma*, pondo em uso as leis do amor e do serviço aos outros na vida do dia-a-dia. Temos de chegar a ter com o nosso próximo o que consideramos ser um relacionamento ideal, pois teremos como avaliar o nosso conceito de Deus, ao examinar as nossas atitudes com relação aos outros.

Jesus quis dizer exatamente o que disse quando nos exortou a buscar primeiro o Reino de Deus, e então todas as demais coisas seriam acrescentadas; contudo, elas só serão acrescentadas quando estivermos em harmonia com os que nos cercam. Conseqüentemente, é na paciência com o eu, na paciência com nossos amigos, na paciência com o nosso destino que nos tornamos conscientes da nossa alma. Estes são os modos, estes são os caminhos pelos quais podemos reconhecer que existe um acesso ao Pai através do Filho.

Nenhuma alma foi deixada sem acesso ao trono da misericórdia e da graça. A promessa foi feita: "Se me amais, guardareis os meus mandamentos. E eu rogarei ao Pai, e Ele vos dará outro Consolador."[3] Mesmo que haja

---

3. João 14,15-16

períodos de provas e de tentação, quando nossos propósitos parecem destinados ao fracasso por causa das decepções, se a nossa fé foi colocada Nele descobriremos o que nos ajudará a crescer em entendimento e conhecimento do Seu amor; pois quer estejamos no corpo, quer fora dele, somos manifestação Dele.

A associação da alma com o corpo e a mente é a maior das experiências terrenas; porém, para espiritualizar os três e torná-los um no Cristo exige-se o trabalho de um Mestre. Este é O nosso privilégio.

As atividades da alma no plano material

O que constrói os destinos da alma não é o conhecimento nem o entendimento, mas o uso das oportunidades que se apresentam. Depois de estabelecida a lei, a alma não fica vagando no mar do tempo ou do espaço. Há algo que temos de fazer, e sempre temos a presença do Pai para nos manter. Ele prometeu, além disso, nos encontrar no Santo dos Santos; e, no que se refere às Suas promessas, Ele é digno de confiança.

Estudemos, então, para ser aprovados quando encontramos o Divino interior e ser capazes de dizer que conhecemos aquele em quem acreditamos; sabemos que Ele é capaz de cumprir o que prometeu se confiarmos Nele em toda experiência que possa surgir. O espírito que estimula nossas atividades num mundo material surge dentro da alma e se expressa na lida com o próximo; portanto, não devemos odiar nosso irmão e amar nosso Deus; não podemos adorar a Deus e agir mal contra o irmão; pois isto pertence à Força única, e a lei do Um é perfeita.

Se semearmos no espírito, a mente construirá o que colheremos em termos de valores espirituais; se semearmos na matéria, nossa mente construirá o que pertence às coisas mundanas e terrenas. Fixemos nosso ideal nas coisas espirituais e saibamos que o que fizermos ao nosso próximo será o que receberemos também. No relacionamento com nossos semelhantes, devemos agir de tal modo que sempre possamos nos olhar no rosto e não sentir vergonha de termos concedido a nós mesmos o que concedemos ao nosso irmão; pois teremos de encontrar a nós mesmos.

Sejamos sinceros, tenhamos unidade de propósitos; pois, se formos sinceros com nós mesmos e, acima de tudo, sinceros com o nosso semelhante, não teremos medo de ser chamados à presença de Deus. Tu, Ó Senhor, és Santo em Tuas lidas com Teus filhos. Ó Deus, somos Teus em corpo, mente e alma! Purifica-nos para que possamos ser um Contigo e, através do poder que nos deste, possamos falar aos outros sobre a beleza e o amor que demonstraste para com Teus filhos; que seja esta a nossa oração.

Acaso temos um padrão para nós mesmos e outro para nossos amigos, para nossos relacionamentos, para aqueles que nos cercam? Todos somos um Nele. Se quisermos ter paz, misericórdia e graça devemos mostrá-los aos outros, pois ao fazer isto tornamo-nos conscientes da presença Dele dentro de nós.

Se usarmos nosso conhecimento para obter vantagem sobre os outros ou para dominá-los, qual será o destino da nossa alma? O Mestre ensinou: "Porquanto qualquer que vos der a beber um copo de água no meu nome, porque sois discípulos de Cristo... vos digo que não perderá a sua recompensa."[4]

Não é em grandes feitos de valor ou naquelas coisas que trazem fama e fortuna, não é nas coisas grandes que surge o maior desenvolvimento da alma, mas nas pequenas ações, paulatinas, cumprindo preceito após preceito, agindo com bondade, amor, paciência, distribuindo boas ações um pouco aqui, um pouco ali ao longo do caminho. Esse crescimento do espírito traz o verdadeiro conhecimento e a verdadeira compreensão dos propósitos da morada de uma alma na Terra; e esse entendimento ajuda-nos a compreender que, se o que fizermos não for para o bem dos outros, ao fim e ao cabo nossa ação fracassará; se nossa atividade entre os homens não ajudar um grande número de pessoas, mais do que algumas classes, elas serão de pouca utilidade para fazer o bem; e se não provocarem o bem, serão um mal para quem age. Aquele que não conhece nem faz o mal, para este o Pai mostrará o rosto; mas para aquele que conhece e pratica o mal, haverá condenação.

Nossa alma precisa se encontrar e prestar contas da sua atividade na Terra. O que fizermos no plano físico receberemos no físico; o que fizermos no plano mental receberemos no mental; o que fizermos no espírito receberemos no espírito. "Porque tudo o que o homem semear, isso ele colherá."[5] Quando conhecemos o bem e o praticamos, nossa vida tem um sentido. Afinal, trata-se apenas de sermos gentis, embora os outros sejam rudes; de sermos verdadeiros, apesar de os outros serem falsos; de sermos pacientes, embora os outros que nos cercam sejam impacientes. Se estivermos do lado do Senhor, quem poderá estar contra nós? (Ver 696-3.) Naquilo que construímos nós nos encontramos; portanto, para fazer o bem, usemos o que temos nas mãos; as situações e experiências que provocarão as mudanças que são necessárias na nossa vida se apresentarão por si mesmas. Se fizermos os preparativos, chegará o tempo e o lugar de usar o nosso conhecimento. Trata-se da lei; é o amor Dele. (Ver 991-1.)

Conclusão

Que a nossa escolha de desenvolvimento cada vez mais nos leve a entrar em sintonia com Deus, com a Atividade Criativa na nossa existência. Pois

---

4. Marcos 9,41   5. Gálatas 6,7

cada expressão da nossa alma, em qualquer fase de sua existência, pode, através dos pensamentos e através da atividade, tornar-se um canal de expressão para a Energia Criativa no mundo material. Este é o crescimento natural, o propósito pelo qual fizemos cada experiência — para que Deus se expresse mais através de nós.

Finalmente, o destino da nossa alma está Naquele que nos deu a alma para que nós (nossa alma) pudéssemos conhecer e nos unir com aquela Energia Criativa que chamamos Deus. O modo pelo qual usamos as oportunidades resulta em consternação, agitação e luta, ou exatamente no oposto. De que modo Deus nos avalia ao nos julgar? Segundo a misericórdia que nós mesmos mostramos. O que faremos com este homem, nosso irmão mais velho, nosso Cristo, para que o nosso destino esteja seguro Nele? Ele nos mostrou o modo mais excelente: não nos grandes feitos de valor, não na exaltação do conhecimento ou do poder, porém na delicadeza do espírito — no amor, na gentileza, na paz, na resignação, na paciência. Essas qualidades, como Jesus ensinou, têm de ser usadas no nosso relacionamento com o próximo todos os dias. Não há nada no céu, na terra ou no inferno que nos possa separar do amor de Deus, a não ser nós mesmos. (Ver 849-11, A-1.)

Neste caso, a exaltação de nós mesmos, de nossas capacidades, de nossos poderes, de nossos desejos carnais, deve se perder na bondade e na paciência; pois é só na paciência que nos tornamos conscientes da nossa alma. Quando a nossa individualidade se perde Nele, nossa personalidade brilha como aquela que é motivada pela individualidade de Nosso Senhor e Mestre. Assim sendo, a individualidade e o Destino da alma estão sob a guarda Daquele que se manifestou no mundo para que conhecêssemos a vida eterna. Ele disse que se permanecermos com o Pai: "Eu trarei à vossa memória coisas da *fundação da Terra*, dos alicerces do mundo, para que estejais onde *Eu estou*; e a vossa glória na minha glória, no vosso Deus, fará de vós aquela unidade que transcende a compreensão dos homens que só vêem a consciência mental material." (849-11.)

> "Chegará um dia em que todos os que ousarem
> Poderão ver o Senhor.
> E os que vestirem os trajes da justiça
> Descansarão em paz.
> Aqueles que passaram por grandes
> Atribulações
> Não mais terão medo;
> Pois o Rei da Glória colocará um diadema
> Na fronte dos abençoados.
> E grande júbilo encherá o céu e a terra,
> Pois não haverá mais morte."
>
> *E.P.*

Lição VIII
GLÓRIA

Afirmação

Abri meus olhos, *Ó Deus,* para que eu possa *conhecer* a glória que preparastes para mim.

262-89

VIII
GLÓRIA

[Baseado nas leituras de Edgar Cayce, de 262-90 a 262-95]

Introdução

Na interpretação da Glória, às vezes deixamos que as condições da vida nos perturbem; por isso, com freqüência a compreendemos mal. GLÓRIA É A NOSSA CAPACIDADE DE SERVIR, e representa uma oportunidade que nos é dada por Deus. Quando a Glória é analisada a partir do ponto de vista de que Deus nos preferiu aos outros para um trabalho especial, a vanglória pode se introduzir sorrateiramente. Todos somos chamados ao serviço; Deus não faz acepção de pessoas. Nossa capacidade e o nosso serviço começam com a cooperação — sermos canais através dos quais a glória do Senhor pode ser manifestada na Terra.

Em todas as fases da nossa experiência devemos estudar a glória, enquanto relacionada com a Força Criativa em manifestação na Terra, juntamente com as condições de vida de nossos semelhantes. Assim, se queremos ocupar o lugar para o qual fomos chamados, temos de deixar que a nossa glória, o nosso conhecimento e a nossa sabedoria repousem no Senhor; pois a nossa glória é um mero reflexo da glória do Criador. Ela brilha sobre nós e através de nós à medida que nos transformamos em canais através dos quais as bênçãos podem fluir para as outras pessoas.

As manifestações de Deus são muitas; no entanto, a intenção dele é a mesma ontem, hoje e para sempre. Nós também devemos ser imutáveis no nosso ideal espiritual e no nosso propósito. Nossas atividades podem ser múltiplas, mas devem sempre ser expressões da glória do nosso objetivo espiritual; ou seja, devem ser expressões da nossa unicidade com o Pai. "Se alguém me ama, guardará a minha palavra e meu Pai o amará; nós viremos a ele e nele estabeleceremos a nossa morada."[1] Essa é a glória.

---

1. João 14,23

A glória da mente

"Ele não é mais do que seus pensamentos."[2] A menos que fixemos a nossa mente Nele, o doador da vida e da luz, estaremos sempre perseguindo sombras na nossa busca pela glória. A mente sempre é o construtor. Com a mente firmemente fixada no Ideal, que sempre perdeu a Si Mesmo de vista, podemos descobrir a glória do serviço ao usar nossa mente para construir dentro de nós o conhecimento e a sabedoria que nos tornarão aptos a maiores oportunidades — não para a glória do eu, mas para a glória de Deus. Na verdade é glorioso estar constantemente nas mãos do Deus vivo e saber que não importa quão difícil seja resolver o problema, ele finalmente será resolvido da forma correta.

Para chegar a isso, nosso ideal deve ficar além das coisas puramente materiais da vida. Essas coisas que pertencem à Terra enferrujam e estragam, mas os ideais baseados no espírito da vida e da verdade sustentam o trono da misericórdia, da paz e da harmonia e constroem dentro de nós um entendimento da resignação e do amor fraterno.

Aquilo que é teórico e não é prático tem pouca valia para nós. Muitas vezes, ouvimos dizer que não deixemos que se fale mal do nosso bem.[3] Isso pode ocorrer se falarmos de um modo e vivermos de outro. Com freqüência proclamamos que acreditamos nisto ou naquilo, e depois agimos de modo diferente. Nesse caso, essas atividades se transformam em pedras de tropeço. Qual é a lei? Os semelhantes se atraem! "Purifica o teu corpo, fisicamente. Santifica o teu corpo, como ensinam as leis de outrora, pois amanhã teu Deus falará contigo!" (281-13.) Como interpretar essa promessa? Se acreditarmos nisso, temos de fazer algo a respeito; pois não é o que afirmamos ter alcançado que importa, mas a nossa disposição de nos dedicarmos ao serviço prático e útil ao nosso semelhante.

Jeroboão fez pecar os filhos de Israel quando ofereceu o sândalo dos egípcios. Ele apenas despertou paixões dentro dele mesmo, quando deveria ter feito sua oferta para a GLÓRIA do Senhor. (Ver 274-10.)

Também nós podemos, para glória nossa e em busca da aprovação dos homens, oferecer a nosso Senhor aquilo que pode causar a nossa destruição.

Quando abandonarmos a glória da auto-exaltação e adotarmos a glória de Deus, as condições, as circunstâncias e os ambientes não serão mais obstáculo, mas se tornarão degraus na escada do nosso desenvolvimento.

A Terra é uma escola para aqueles que no início erraram por meio da satisfação de todos os desejos, do auto-engrandecimento, da autoglorificação. Ela é, nesse caso, uma experiência de misericórdia; mesmo que encontremos

---

2. Provérbios 23,7   3. Ver Romanos 14,16

agitações, luta, antagonismo e forças perturbadoras na nossa experiência, temos a oportunidade de nos purificarmos e nos transformarmos em canais através dos quais um Pai GLORIFICADO no Filho poderá se manifestar nos homens e entre eles.

Devemos levar muito a sério o fato de que as animosidades ou maus sentimentos guardados contra os outros criam nas forças mentais do corpo influências que com muita facilidade podem tornar-se muito destrutivas. Nossa perspectiva e o modo como adoramos o que consideramos o nosso Ideal tem muito que ver com as nossas reações físicas. A mente, lembremo-nos disso, é os corpos mental, físico e espiritual e pode criar ou destruir.

Se embutirmos nas forças mentais a idéia de que há um impedimento que nos bloqueia de alguma maneira, essa idéia aos poucos se tornará uma barreira, limitando a eficiência tanto do nosso corpo quanto da nossa mente. No nosso eu interior, na nossa mente e no nosso coração, lembremo-nos do que nos ensinaram há tempos: Nos foram propostos o bem e o mal, a vida e a morte. (Ver Deuteronômio 30,19.) Nos foi dada a escolha. (Ver 815-3.)

A glória do corpo

Nunca percamos de vista qual é a finalidade do corpo. O corpo é a morada da alma, que através da mente se expressa na materialidade.

As ações do corpo constituem uma unidade com a Energia Criativa... quando executamos atos de ajuda, amor, paciência e gentileza; no entanto, quando buscamos a gratificação de desejos egoístas e de exaltação do eu, nos unimos às forças que trazem dúvidas e medo. Quando expressamos os frutos do espírito de um Deus vivo, nós crescemos, nos desenvolvemos e manifestamos o propósito para o qual fomos criados.

O que é o mal? É o mau uso do bem, é o bem usado para satisfazer desejos do eu. O mesmo acontece com o pecado, com a doença. Eles são provocados por não estarmos em sintonia com Deus, que nos ajuda, enquanto estamos no corpo, a nos tornarmos uma força para o bem e um canal perfeito para a manifestação da retidão entre os homens. A glória do corpo, então, é a abnegação de si mesmo.

A glória da alma

A alma é uma porção do Divino. É uma influência atuante em nossas atividades através das nossas experiências em todas as esferas de consciência. A alma é um universo dentro do eu. A vontade é um atributo da alma e com ela escolhemos entre nos desenvolver para a unicidade com a Consciência Universal ou nos posicionarmos contra ela.

As três fases da experiência humana — corpo, mente, alma — se expressam na Terra, e sua liberdade provém do conhecimento, da interpretação e da aplicação. Esses três princípios trabalham juntos e dependem uns dos outros. No serviço realizado sem pensamento de lucro pessoal surge o que cria o maior crescimento da alma. "O maior dentre vós se faça vosso servidor."[4] Nossos corpos físico, mental e espiritual precisam descobrir, pela experiência, o que os manterá de acordo com os propósitos para os quais entraram na vida física.

Por que somos atraídos pelos impulsos materiais, mentais e espirituais, enquanto há sempre algo bem dentro de nós que nos impele a tentar seguir em frente? O que nos faz SABER que temos de atravessar os obstáculos e que não nos deixa desistir? Seremos tolos por continuar trabalhando em algo sem receber uma recompensa material aparente, simplesmente porque somos forçados a partir de nosso íntimo? Por que não desistimos, paramos de tentar e simplesmente deixamos que as coisas e situações sigam o seu curso? No final, os resultados materiais não seriam os mesmos? Essas questões muitas vezes provocam uma guerra no nosso interior. A resposta está sempre no fundo de nós. No final, os resultados materiais podem ser os mesmos; no entanto, o que dizer sobre seu efeito em nossa alma?

Queremos ser guiados pelo Espírito Dele, uma porção daquela Palavra que nunca deixará de existir? Se for assim, então de fato estamos certos ao responder àquele impulso interior de "continuar" mesmo que tudo pareça contradizer a praticidade dessa forma de ação. Ele ensinou que não devemos nos importar com as coisas que destroem o corpo, mas com aquelas que destroem o espírito e a alma. Mesmo que todas as coisas materiais possam ser eliminadas, se ainda tivermos aquele impulso interior, continuaremos em contato com a glória que não pode ser encontrada em nenhuma substância ou relacionamento material.

Conclusão

Na lida com nossos semelhantes, deixemos que a lei do SENHOR, como a conhecemos no coração, seja a norma de nossa vida; e descobriremos que o crescimento da mente espiritual, da mente mental e da mente física trará a glória do Senhor para nossa vida. Deus prometeu nos encontrar dentro do nosso templo sagrado, o nosso corpo, à medida que nos propusermos a nos entregar ao serviço do próximo. Pois, quando fazemos isso, manifestamos a Glória de Deus num mundo material. Que a Glória do Pai e do Filho nos baste — não o que o homem pensa ou o que o homem diz; pois o homem observa a aparência exterior, enquanto Deus olha o coração. (Ver Samuel I, 16,7.)

---

4. Mateus 23,11

Ao buscar exaltar o Teu nome, a Tua glória, através do que manifestaste em mim, Ó Senhor, sê o meu guia e — dia após dia, à medida que vem a oportunidade — deixa que as minhas mãos, a minha mente e o meu corpo façam o que gostarias que eu fizesse, como tua criatura nesta Terra, e à medida que eu manifestar, através do Teu amor, as promessas que fizeste no Filho, possa a Tua glória tornar-se conhecida pelos outros.

Lição IX
O CONHECIMENTO

Afirmação

Que o conhecimento do Senhor
Permeie de tal modo o meu ser
que cada vez exista menos de mim mesmo
E mais e mais de Deus,
Na minha lida com o próximo;
Que o Cristo possa estar em tudo,
Através de tudo, em Seu Nome.

262-95

IX
O CONHECIMENTO

[Baseado nas leituras de Edgar Cayce, de 262-95 até 262-99]

Introdução

A busca pelo conhecimento levou os homens ao emaranhado da existência física. Quando o chamado "Onde estás?" veio a Adão, ele trouxe a compreensão de que os poderes de pensamento criativo dados por Deus haviam sido mal usados. Então o medo e a dúvida se entrincheiraram no coração dos homens.

O primeiro "não faça" foi: "Só não podes comer da Árvore do Conhecimento do Bem e do Mal. No dia em que dela comeres, certamente morrerás."[1] Em sua fraqueza, o homem fez a escolha que o elevou à tribulação e à incompreensão, pois ele não escolheu o conhecimento do bem, mas o uso egoísta do poder divino do pensamento criativo, o que nele provocou confusão, destruição e morte. O homem (um ser espiritual), tomando as coisas em suas próprias mãos, ainda se torna ridículo aos olhos do seu Criador ao ostentar seu conhecimento de coisas que existem, sem mesmo saber que elas sempre existiram.

Qual é o verdadeiro conhecimento? Temos conhecimento quando buscamos expressar cada vez menos de nós mesmos e cada vez mais de Deus na lida com o próximo; pois a expressão de nós mesmos é o que nos impede de obter o conhecimento de modo mais perfeito. O verdadeiro conhecimento é de Deus, e não está separado de Deus. Ele se revela plenamente no relacionamento altruísta com nossos semelhantes no dia-a-dia, à medida que deixamos transparecer que nos preocupamos, que entendemos e estamos dispostos a carregar parte do fardo deles quando eles se curvam sob os cuidados do mundo. É estar dispostos a ajudar os que sofrem e alimentar os famintos pelo amor do Cristo. O mundo está gritando por esse conhecimento.

---

1. Gênese 2,17

O conhecimento é a capacidade de viver em harmonia com as leis do universo. Conhecemos isso quando deixamos de lado o egoísmo e nos livramos das pequenas diferenças que alimentam o ódio, o desprezo e aquelas coisas que ferem nossos semelhantes ao lidar com eles. Acaso entendemos que perdoar é ter conhecimento, ser amigo é ter conhecimento, ser altruísta no meio de um mundo egoísta é ter conhecimento? É suficiente o *entendimento* de uma só lei para fazer essas coisas, e essa lei é o amor.

O conhecimento é de Deus

Deus é Luz e Nele não há nenhuma escuridão. O Pai julga-nos pelas nossas atividades. Nós moramos na luz quando nos esforçamos por obter a aprovação Dele e somos trabalhadores que não se envergonham das coisas que provarão a nossa sinceridade e seriedade. Sabemos que, como Deus é o Autor do conhecimento, Ele é o Supremo Juiz de tudo; e que, quando julgamos nosso semelhante, estamos assumindo o ofício do Senhor. "Quem tomou a dimensão do espírito do Senhor? E que conselheiro o instruiu? Com quem se aconselhou Ele para aprender a julgar, para aprender a vereda da justiça, a ciência, os caminhos da inteligência?"[2]

O conhecimento é poder

O conhecimento é poder. No entanto, o poder pode tornar-se uma influência maléfica quando não é usado construtivamente. Em conseqüência, perceber cada vez mais o desejo de ser canais através dos quais Deus pode realizar a Sua vontade. O conhecimento mundano foi criado pelo homem. O conhecimento de Deus não nos prende a dogmas ou a crenças criadas pelos homens; antes, ele nos liberta.

O conhecimento mundano provoca a pusilanimidade, a queda de muitos. Nós nos livramos da tradição, da maldade e do ódio? Encorajamos os fracos, fortalecemos os abatidos e sabemos que, com essas atividades, ganhamos um conhecimento mais perfeito do caminho de Deus? Usando o conhecimento dessa forma, descobriremos o entendimento de nós mesmos, no relacionamento com os outros, bem como no relacionamento com Deus.

No estudo da necessidade de cooperação, descobrimos a seguinte afirmação: "A compreensão das leis que dizem respeito ao correto viver em todas as suas fases leva nossa mente a uma sintonia com as Energias da Criação",[3] que estão na Consciência Dele. Uma das primeiras destas leis é conhecer a nós mesmos. Na lição "Conhece-te a ti mesmo", abordamos o estudo do corpo físico como parte do nosso ser. Aqui, na lição "O conhecimento", temos de

---

2. Isaías 40,13-14   3. *À Procura de Deus,* Livro I, p. 31.

nos voltar para o estudo do corpo na medida em que ele, na verdade, se relaciona com o universo e até mesmo o representa. Devemos conhecer o funcionamento dos órgãos que estão constantemente executando os processos de digestão, da assimilação e da reconstrução dos tecidos, mas é mais importante saber algo sobre os poderes criativos que operam através dos centros espirituais. Esse conhecimento é poder; pois, a menos que o nosso conhecimento nos leve, como indivíduos, a entender a vida regenerada e a capacidade de viver com os outros, não estaremos cumprindo o nosso destino.

A interpretação do eu

Por meio do estudo das forças espirituais, aprendemos que, antes de poder conhecer o mundo exterior, temos de conhecer o mundo interior. O homem físico é da Terra; a alma — com a mente do infinito — é do universo. As almas escolhem tomar corpos físicos, e portanto a mente, que é de Deus, encontra uma expressão no mundo físico.

Assim sendo, o estudo de nós mesmos se torna a nossa primeira consideração se quisermos ser um bom vizinho, um bom pai, um bom amigo; e isto significa olhar para dentro de nós a fim de ver se temos o conhecimento que nos ajudará a caminhar pelo caminho daquele que é o Caminho e a servir os outros que, como nós, foram feitos à Sua imagem.

A mente é definida como a faculdade racional do homem. Para maior conveniência, ela pode ser dividida em consciente, subconsciente e superconsciente. Não devemos confundir a mente inconsciente com o subconsciente. O inconsciente nada mais é do que uma porção mais profunda do nosso pensamento consciente, através do qual o subconsciente atua no plano físico e atua sobre a mente consciente. É através da mente que as forças criativas buscam atividade, quer num organismo mais baixo buscando expressar-se, no homem buscando um reino para si mesmo ou numa alma buscando seu caminho de volta para Deus. É com a mente da alma que podemos perceber conscientemente que o corpo físico é o templo do Deus vivo. Com a vontade escolhemos para nós mesmos aquela atividade que nos afasta ou nos aproxima do Criador. Ela é ativa tanto na mente consciente como na mente subconsciente. À primeira ela dá a capacidade de raciocinar indutivamente e dedutivamente; à outra, a de transcender e conhecer, da mesma forma que somos conhecidos.

Por fim, nos voltamos para um rápido estudo da natureza do nosso eu espiritual. Foi dito que a pessoa que queira buscar Deus primeiro tem de acreditar que Ele existe. Foi Jesus que ensinou que o reino de Deus está dentro de nós.[4] A centelha de Deus dentro de cada um é a força que nos

---

4. Ver Lucas 17,21

capacita a amar nossos inimigos, a fazer o bem aos que nos perseguem, a rezar pelos que desapiedadamente nos caluniam. Por nós mesmos, não podemos fazer nada; com Ele, podemos fazer tudo.

Nossa alma, uma criação do Pai, constantemente deseja glorificá-lo. Embora às vezes tropecemos cegamente e até cheguemos a cair, no entanto, através do sofrimento, compreendemos e damos expressão ao propósito de nossa alma, tornando-nos canais através dos quais é feita a vontade do Pai.

Talvez tenhamos medo de "relaxar" e ser absolutamente felizes. Sempre que as coisas estavam quase perfeitas, éramos levados a pensar que não durariam, que algo viria estragá-las. Essa não deve ser a nossa atitude. Embora possamos sofrer preocupações e provas mundanas, quando ouvimos a pergunta "Onde estais?" devemos estar prontos a responder: "Eis-me, envia-me."[5]

Muitas vezes, ao nos analisarmos, imaginamos se estamos certos no que acreditamos, se realmente conhecemos Deus e se temos Dele um conhecimento suficiente para ensinar aos outros. Há uma resposta: se quisermos conhecer a Deus, temos de sentir Deus; e se o sentimos, nos tornamos guias para as outras pessoas. Esta deve ser para nós a resposta a todos os problemas.

A aplicação do conhecimento

O conhecimento, o conhecimento divino, que tivemos no começo, é necessário para os negócios da nossa vida. Se apenas tivéssemos conhecido o motivo que o levou a agir, a causa que trouxe experiências desagradáveis na vida do próximo, a dura prova que nosso amigo genioso está enfrentando, como teríamos agido de forma diferente! Lembremo-nos de que ser gentis é agir como se tivéssemos o conhecimento prévio dos fatos. Nunca nos esqueçamos de quem nos entendeu quando deixamos de cumprir nosso dever. Como essa pessoa se parece com o Mestre para nós! A gentileza é um ato simples, mas é suficientemente grande para expressar o conhecimento divino.

A educação é o único caminho [para alcançarmos o objetivo definitivo]. Não confundas o caminho com o modo de fazer o que *sabes* fazer! Não é quando houver uma ocasião mais conveniente, ou "quando tiver conseguido uma compreensão maior que farei isto ou aquilo".

Conhecimento, entendimento, é usar aquilo que tens em mãos. Não o teu próprio conhecimento, mas o de que toda esperança, poder, confiança, fé, conhecimento e compreensão estão Nele.

Faze o que sabes fazer *hoje*, o que Ele gostaria que fizesse segundo o *teu entendimento*! Então, amanhã, obterás reconhecimento por esse dia! Pois, assim como

---

5. Ver Isaías, 6,8; E. P.

Ele ensinou, *hoje* deves conhecer o Senhor! *Agora*, se abrires o teu coração, a tua mente, o conhecimento e a compreensão serão teus!

262-89

O que é aplicável a uma pessoa é aplicável aos grupos. É como o fermento; ele faz o todo crescer. Em grupos, descobriremos diferenças de opinião, de pensamento, de interpretação, de desenvolvimento. Não temos o verdadeiro conhecimento se deixamos que essas diferenças nos levem a julgar uns aos outros. O caminho do Senhor só é duro para aqueles que se tornam tão inflexíveis nas idéias que não estão dispostos a ser conduzidos pelo Espírito do Cristo.

O conhecimento tem de ser usado nos negócios internacionais. As guerras mundiais tornaram o mundo seguro para a democracia? Por que não? Sem dúvida, aqueles que foram formados no conhecimento mundano sentiram-se confiantes de que as armas, o poder e a força eram as coisas necessárias para provocar uma situação utópica. Nós, as nações, temos de aprender que os princípios da paz e dos direitos iguais para todos têm de vir em primeiro lugar no coração das pessoas. Elas têm de começar por nós. Não podemos legislar a respeito da bondade no coração dos outros enquanto vivemos uma vida de egoísmo.

Foi-nos ensinado que devemos amar o Senhor nosso Deus com todo o nosso coração, com toda a nossa alma e com toda a nossa mente, e amar o próximo como a nós mesmos. Esta é a base de toda a lei espiritual. A segurança está baseada no conhecimento do espírito da verdade, e o uso correto desse conhecimento é tão eficaz ao trazer bênçãos às nações como o mau uso em causar confusão entre elas.

O conhecimento das leis universais provoca conceitos mais claros sobre o propósito da criação. Sem o conhecimento desse propósito não teríamos motivo para existir. Sabemos que o mau uso do conhecimento destruirá os indivíduos, bem como os grupos e nações. Se persistirmos no mau uso, o que nos parece valioso desaparecerá e seguir-se-á a decadência espiritual. Pense no homem que adora o dinheiro, na plebe que toma a lei em suas próprias mãos, na nação que guerreia contra as nações vizinhas; todos, com o tempo, colherão o que semearam.

A avaliação correta do conhecimento

Quais experiências consideramos as mais sagradas da nossa vida? Não se trata talvez do sorriso de alguém a quem amamos, o gesto de bondade de um amigo, uma gentileza recebida em época de crise, uma palavra de louvor quando tudo parecia estar dando errado? Esse conhecimento traz o crescimento espiritual. Os prazeres mundanos e a satisfação física causam excitação no momento, mas não duram.

Uma palavra amável em circunstâncias críticas não só cria para nós uma sintonização com o "Eu sou", mas torna os outros conscientes da presença do Senhor. Nossa responsabilidade ao fazer a avaliação correta do conhecimento não pode ser subestimada. Temos de estudar para nos mostrarmos mais práticos no uso do que achamos que é verdadeiro. Mas, se houver dúvidas sobre a nossa sinceridade e consideração pelos outros, surgirão a discórdia e os problemas, trazendo experiências desagradáveis para nossas atividades.

Estamos continuamente encontrando a nós mesmos. Se não tivéssemos decepcionado alguém, teríamos decepções? Seríamos caluniados, se não tivéssemos dentro de nós algum rancor ou pensamento indelicado acerca de alguém? A lei é colher o que se semeou. Mesmo que os céus caiam, essa lei nunca mudará, porque os semelhantes se atraem. O conhecimento nos assegura o sucesso, ou seja, se nosso propósito estiver no Senhor e não no nosso eu, o Conhecimento usado corretamente dará os frutos do espírito.

Nenhuma alma, nenhuma mente pode compreender nada além de seu próprio entendimento. O entendimento se faz perfeito na virtude, e a virtude é de Deus. Acaso o teremos? Se for assim, veremos o Cristo nos outros e ficaremos repletos de amor, bondade e paz. A nós foram dados os meios de assegurar aquilo de que necessitamos, não ao fazer o trabalho de outrem ou ao tentar fazer o trabalho de Deus, mas ao fazer o nosso próprio trabalho. Isso atrai o sucesso, que nos enche de plenitude de uma vida perfeita.

O conhecimento da presença de Deus

Ensinaram-nos: "Parei e reconhecei que sou Eu o Deus verdadeiro."[6] Você já tentou rezar e descobriu que estava meramente proferindo palavras? Qual é o problema? Acaso nos desviamos, saímos da senda reta e deixamos Deus do lado de fora da nossa vida até nos sentirmos sós? Deus nunca destrói as portas para entrar. Ele se detém diante da porta e bate. Ele não está além da descoberta e com Ele podemos fazer todas as coisas, pois a presença Dele traz poder e segurança à vida. Em seguida, deixemos que o amor do Cristo nos envolva e rejubilemo-nos pelo fato de caminhar com Ele e por deixar que Ele nos sustente e fortaleça dia após dia.

Não nos preocupemos com o amanhã, pois na Sua presença descobriremos a força para enfrentar todas as provações, todas as perturbações. Ele prometeu que nos enviaria Seus anjos para que tomassem conta de nós.

Temos de ficar firmes confiando Nele, sabendo, acreditando, agindo de acordo com o que professamos.

---

6. Salmos 46,10

Assim como recebestes, assim como sois motivados e usais o que recebestes, dai àqueles que buscam. Sede pacientes, sede delicados. Não faleis mal de ninguém. Não façais mexericos nem digais coisas indelicadas; que na vossa existência não haja nem pensamentos nem ações desse tipo. E descobrireis o verdadeiro conhecimento do Cristo no Pai, perto de vós.

262-98

Lição X
A SABEDORIA

Afirmação

Nosso Pai, nosso Deus, que a luz da Vossa sabedoria, da Vossa força, do Vosso poder, nos guie — assim como nós nos dedicamos ao Vosso serviço para o bem dos outros. Em nome Dele nós buscamos.

262-102

X
A SABEDORIA

[Baseado nas leituras de Edgar Cayce, de 262-102 a 262-106]

Introdução

Sabedoria é a capacidade de usar o conhecimento de forma correta. A sabedoria torna-se prática através da aplicação da vida de Cristo nas nossas experiências diárias.

> Pois *isto* não está fora do teu alcance. Se assim fosse, poderias dizer como antigamente: quem subirá ao céu para nos trazer a mensagem da sabedoria, ou quem virá de além-mar para que a possamos ouvir e entender? Mas eis que ela está no teu próprio coração, está no teu próprio poder, sim, está ao alcance da tua força! (Ver Deuteronômio 30,11-14.)
>
> *262-104*

O temor de Deus é o princípio da sabedoria. Não o medo da decepção, da contenda, da luta; pois essas coisas não são de Deus. A sabedoria do Senhor se mostra para nós na vida de Jesus, que se tornou o Cristo; se quisermos ter sabedoria, temos de habitar Nele, que é o Caminho. Sofremos decepções? Nossos desejos, nossa vontade deixou de se realizar? Ainda somos vencedores; pois Nele encontramos força e poder. Lembremo-nos de que "todas as coisas concorrem para o bem dos que amam a Deus, dos que são chamados de acordo com a sua vontade".[1]

Nosso Senhor ensinou que: se teu irmão te bater, dá-lhe a outra face; se tirar o teu manto, deixa que fique também com a túnica; se te forçar a caminhar uma milha, acompanha-o por duas. Nesse ensinamento há sabedoria, pois nós não somos prejudicados e nosso irmão é abençoado por estar na presença do Divino. Nada, a não ser o espírito de Deus dentro de nós, pode nos fazer amar nossos inimigos. Dizemos em nosso coração: "Sim, mas este foi o ensinamento do Filho de Deus, e Ele tinha uma força que não existe dentro de

---

1. Romanos 8,28

mim"? Temos a promessa do Filho: "Eis que estarei convosco todos os dias, até o fim dos tempos."[2] E através Dele podemos fazer coisas maiores do que Ele fez.

Aquele que dá um copo de água em nome do Cristo não perde sua recompensa. Não se trata de sabedoria dar para obter boa fama, mas dar para que a glória do Pai se manifeste. Agimos para a glória do Pai quando nossas ações são estimuladas pelo amor, quando o amor estimula o desejo de sermos uma bênção para os outros. É só então que cooperamos com Ele. Isto é sabedoria, a sabedoria que pertence a Deus.

A sabedoria é, em primeiro lugar, uma questão de opção, da vontade movida pelo ideal e aplicada no contato com os outros. O conceito, a vontade e a aplicação se tornam uma tríade na experiência de cada um de nós. Se, ao aplicar a sabedoria, a pessoa se esquece de si, exalta o Príncipe da Paz e busca a glória do Pai, ela entra na consciência de Cristo. Este é o verdadeiro caminho; este é o princípio da sabedoria. O conhecimento do medo de Deus é o princípio da sabedoria. O resumo da lei é amar a Deus com toda a nossa mente, com todo o nosso corpo, e com toda a nossa alma e amar ao próximo como a nós mesmos; para que Ele, o Pai, seja exaltado no Filho.

Recebemos a ordem de usar o que tivermos em mãos; o mais nos será dado para atender às nossas necessidades, sejam elas mentais, materiais ou espirituais.

Para aproximar-se da sabedoria

Se o Filho não tivesse vindo apontando-nos o Caminho, [não] conheceríamos o que é pecado. [Ver João, 15,22.]

262-104

Ele é o modelo da perfeição. Ao buscar, como Ele, a sabedoria do Pai, chegaremos à compreensão através da paciência, da perseverança e do amor fraterno. O conhecimento de Deus, a sabedoria de Deus usada na vida cotidiana, nos dá força e harmonia; até mesmo os torvelinhos da Terra — o sofrimento, a vergonha, a carência e a degradação tornam-se experiências valiosas se enfrentadas com a sabedoria de Deus.

Onde há luta, agitação, autoglorificação e auto-exaltação, não há verdadeira sabedoria de Deus. Se quisermos ter amor temos de demonstrar amor; se quisermos paz, temos de ser pacíficos; se quisermos provocar uma associação maior e mais íntima com o Divino, temos de agir de forma a não haver dúvida na mente alheia quanto ao nosso propósito de vida. Não há atalhos para chegar à sabedoria: ela tem de ser vivida.

---

2. Mateus 28,20

Examinemos a nós mesmos

Temos de nos convencer de que não podemos carregar as cruzes da vida sozinhos, de que o Pai, em Sua sabedoria, nos deu um exemplo, uma promessa, um amigo, alguém para partilhar todas as nossas cruzes: o Filho do homem, que aprendeu por meio da experiência... o que significa carregar uma cruz.

Na sabedoria, tu não culparás ninguém. Na sabedoria, não condenarás ninguém. Na sabedoria, não acalentarás ressentimentos. Na sabedoria, amarás até aqueles que te caluniam por maldade; até mesmo aqueles que proferem palavras indelicadas contra ti.

262-105

Quando confiamos nas promessas de Deus, muitas mudanças aparentemente incompreensíveis podem acontecer na nossa vida. Estas experiências podem nos ajudar a conhecer a Sabedoria de Deus.

Quando manifestamos por palavras aquilo que nos propusemos a fazer no nosso coração, isso é sabedoria. Quando os atos do corpo e os pensamentos da mente estão de acordo com o que proclamamos aos nossos filhos, aos nossos vizinhos e aos nossos amigos, isso é sabedoria.

"Quando perdi minha casa com a maioria das minhas posses terrenas, uma luta começou dentro de mim. Fiquei decepcionado por não ser capaz de me elevar acima das situações que me envolveram. Fiquei desiludido com os meus amigos, que pareciam indiferentes ao meu sofrimento. Minha atitude habitualmente esperançosa me abandonou. Como eu queria ser consolado! Tentei compreender que essa experiência era para o meu bem, e que Deus estava tentando me ensinar a ter paciência.

"Foi necessária essa experiência para me ajudar a entender e compreender que a obediência se aprende por meio do sofrimento."[3]

Endireitai, pois, os vossos caminhos. Que a vossa fala, vossos desejos e vontades estejam de acordo com aquele que não considerava uma usurpação ser igual a Deus.

Vós conheceis o caminho. Tropeçastes na ignorância ou no egoísmo? Duvidais para satisfazer o corpo ou para atender a seus apetites.

Vós conheceis o caminho. Que o amor do Infinito vos incendeie para a ação, a realização! Vivei na verdade, como vos foi ensinado.

262-105

---

3. E. P.

Temos de usar estas verdades de forma prática na vida cotidiana, e não simplesmente divulgar a doutrina ou palavras de ordem que desaparecem. À medida que a vivemos, ela se torna uma realidade viva, duradoura. Lembremo-nos de que para conseguir a sabedoria temos de aplicar aquilo que sabemos.

A aplicação da sabedoria

Na nossa busca pela sabedoria, chegamos ao ponto em que a nossa vontade, nossas faculdades mentais e nossas forças espirituais têm de ser divinamente orientadas se quisermos continuar aplicando o conhecimento.

A sabedoria é o amor divino manifestado na nossa conversa, nos nossos passatempos, em todos os nossos atos.

>Pois, se aplicares dia após dia o que souberes, então o próximo passo, o próximo ato, a próxima experiência te serão revelados. Pelo fato de teres falhado de vez em quando, não digas: "Oh, eu não consigo — sou fraco." Por certo não és pessoalmente fraco, no entanto tens pouca fé! Pois Ele é a tua FORÇA! *ISSO* é Sabedoria!
>
>Que *ninguém* mais então repita: "Eu não consigo." É melhor que diga "Eu NÃO QUERO — quero fazer tudo à MINHA maneira". Isto é tolice; e tu conheces o Caminho. Pois Ele é a Força, Ele é Amor, Ele é Paciência, Ele é Conhecimento, Ele é Sabedoria.
>
>Reivindique para si TODAS essas virtudes, que estão NELE! Pois Ele está nelas e o Pai não quer que nenhuma alma se perca, mas preparou uma via de escape, um caminho de amor, de paz, de harmonia para toda alma — basta que afirmes o mesmo, que vivas o mesmo, Nele.

262-104

Teríamos sabedoria sem preparação? Teríamos a glória sem purificação? Aproveitaríamos a felicidade sem sermos capazes de compreendê-la e de entendê-la? Como usar de forma prática a sabedoria? APENAS siga o MESTRE POR TODO O CAMINHO. Não deveríamos pregar o que nós mesmos não praticamos. Não deveríamos insistir com os outros para que façam a experiência que nós mesmos não tentamos realizar.

>Que cada um TENTE fazer a sua experiência; que cada um, durante *um dia inteiro*, não fale mal de ninguém; não diga uma palavra áspera a ninguém, sobre ninguém; e observe o que o dia lhe trará...

262-106

"Sonhei que estava no meio de bastante gente. Parecíamos estar no tempo de Jerusalém. Eu tinha de pintar retratos de pessoas. Depois Jesus e alguns dos seus seguidores entraram, mas não pela porta pela qual havíamos entrado.

Ele também veio para que eu fizesse o seu retrato. Ele me disse: 'Podes pintar o retrato de Jesus, mas poderás pintar um retrato do Cristo?'

"Então eu soube que o retrato de Jesus só poderia ser refletido aos meus semelhantes pela vida que eu vivesse. E o mesmo acontece com cada um de nós; conhecemos o Cristo e o apresentamos ao nosso próximo pelo modo como falamos, pelo modo como pensamos e pelo modo como agimos. Usar o que sabemos ser bom é sabedoria. Amar o Senhor nosso Deus de todo o nosso coração, com toda a nossa mente e com toda a nossa alma, e ao próximo como a nós mesmos, é sabedoria; e quando nada disso é praticado, nossa vida se cumula de pecado, de tristeza e, finalmente, vem a morte."[4]

>Então, na verdade, a aplicação prática da vida de Cristo na existência cotidiana é Sabedoria.
>
>Isso não está fora do teu alcance. Se assim fosse poderias dizer como antigamente: quem subirá ao céu para nos trazer a mensagem da sabedoria, ou quem virá de além-mar para que a possamos ouvir e entender? Mas eis que ela está no teu próprio coração, no teu próprio poder, sim, está ao alcance da Tua força!
>
>Trata-se da aplicação do que *sabes fazer* à luz do modelo estabelecido no Cristo. *Isso* é sabedoria aplicada!
>
>*262-104*

---

4. E. P.

Lição XI
FELICIDADE

Afirmação

Pai Nosso, nosso Deus, deixa-me encontrar em minha própria consciência a felicidade do Teu amor, pelo amor que trago no meu peito pelo meu semelhante. Deixa que a minha vida, que as minhas palavras e minhas ações levem a alegria e a felicidade do Senhor em Jesus para cada pessoa que eu encontrar dia após dia.

262-106

XI
FELICIDADE

[Baseado nas leituras de Edgar Cayce, de 262-107 a 262-112]

O que é felicidade?

Felicidade é permanecer no Amor Infinito. Para ser felizes, temos de tornar o Amor Infinito compatível com o nosso ambiente material. Ninguém pode dá-lo para nós, ninguém pode tomá-lo de nós. Nós o manifestamos por meio da gratidão da paz, da harmonia e de uma consciência vazia de ofensas a Deus e ao homem. Felicidade é conhecer, é estar em contato com o amor divino na vida diária e manifestá-lo. Felicidade é uma lei comutável, assim como o erro e a bondade. A primeira lei é: os semelhantes se atraem. Nós nos tornamos aquilo que pensamos. Assim como é a semente, assim será o fruto maduro daquilo que acalentamos na mente — nisso nos tornamos. Felizes são aqueles que amam o caminho do Senhor. (Ver 262-109.)

Quem é feliz?

Felizes são os pobres de espírito, pois eles verão a Deus. Somos felizes quando, com toda a humildade, compreendemos a bondade do Pai, a profundidade do Seu amor, e nos deixamos dirigir pela Força de Deus. Mas quando nos relacionamos com "espíritos familiares",[1] desonramos o Deus que prometeu ficar para sempre conosco.

Felizes são aqueles que choram, pois serão consolados. Temos sede da satisfação espiritual que só o Espírito de Deus pode nos dar. Temos em Jesus Cristo um advogado diante do Pai, e esse conhecimento nos conforta. Embora possamos ficar tristes devido à injustiça alheia, ainda assim seremos felizes quando pudermos abençoar àqueles diante de cujas fraquezas o Senhor sorri.

Felizes são os mansos, pois eles herdarão a terra. "Não pelo valor nem pela força, mas somente pelo meu espírito, disse o Senhor."[2] Atualmente, forças invisíveis estão fazendo grandes mudanças na Terra e na sua população.

---

1. Ver I Samuel 28,7   2. Zacarias 4,6

Os que permanecem calados, calmos e despretensiosos são os autores e os guardiães da era que está por vir e que trará luz e compreensão para muitos. Abençoados os que, sem pensar em si mesmos, vão em frente, construindo casas, hospitais, cidades, para que as gerações vindouras possam ser abençoadas. Eles herdarão a terra. O que nós damos, nós possuímos — eis algo verdadeiro quanto à afirmação de que o que retemos nós perdemos, ou que aquilo que perdemos nunca foi nosso.

Felizes os que têm fome e sede de justiça, pois serão saciados. "Pedi e vos será dado; procurai e achareis."[3] Ficar à vontade, nos considerar auto-suficientes e não compreender que por nós mesmos nada podemos fazer, é uma atitude temerária. É glorioso chegar à compreensão do nosso relacionamento com o Nosso Pai Celestial e com o nosso próximo. Somos felizes quando compreendemos que a fonte do conhecimento, da paz e da justiça está jorrando, e que nossa sede pode ser saciada para sempre Naquele que é a Água da Vida.

Felizes os misericordiosos, pois eles obterão misericórdia. Pai, "perdoai as nossas dívidas, assim como perdoamos aos nossos devedores". Se não perdoarmos ao nosso irmão, como podemos esperar ser perdoados? Perdoar e ter misericórdia é assemelhar-se a Deus. Guardar ressentimento e desejar vingança, amuar-se e ficar de mau humor são coisas da Terra, e essas atitudes não pertencem ao Reino do Pai. Felizes o que têm misericórdia porque têm a promessa de que suas necessidades serão atendidas.

Felizes os puros de coração, pois eles verão a Deus. A menos que nos tornemos como uma criancinha, não veremos o Reino de Deus. Não há maldade na mente de uma criança pequena. O prisioneiro que está por trás das grades é um homem bom aos olhos da criança. A menos que também nós possamos ver Deus no próximo, nunca o veremos em lugar nenhum. Este é o primeiro passo rumo a Deus, e não há atalhos. Se acalentarmos pensamentos impuros acerca de outra pessoa, não haverá felicidade.

Felizes os pacíficos, pois serão chamados filhos de Deus. "Eu vos deixo a paz, eu vos dou a minha paz. Não vo-la dou como a dá o mundo. Não se perturbe nem desfaleça o vosso coração."[4] Num mundo de contrariedades e inquietações, este é um estado feliz de consciência; no entanto, a paz não perdurará por muito tempo dentro de você, se não fizer um esforço de manifestá-la exteriormente.

Felizes os que são perseguidos por causa da justiça, pois deles é o reino do céu. "A quem quiser tomar a tua túnica, dá-lhe também o teu manto."[5] Este é o outro modo de dizer que devemos ser gentis e delicados com os outros. Pelo fato de termos pouco, muitas vezes não dizemos que temos de

---

3. Mateus 7,7   4. João 14,27   5. Mateus 5,40

poupar para não passar necessidade? Lembremo-nos de que há pessoas que precisam agora do pouco que economizamos. Costumamos dizer que, se eu tivesse isso e mais aquilo, eu daria bastante para a caridade, para os necessitados! Se não partilhamos o pouco que temos, também não o faríamos se tivéssemos tudo à nossa vontade.

Quando somos perseguidos em nome da justiça e estamos conscientes de que o fazemos pelo amor Dele, a luz que traz felicidade brilha no mais recôndito canto da nossa vida. Quando conseguimos compreender que o lugar que ocupamos e o trabalho que fazemos não são apenas um meio de sobrevivência, mas um meio através do qual os outros podem obter uma compreensão melhor da vida, então os pequenos insultos e críticas perdem muito do veneno que, de outro modo, teriam. O amor chega com mais facilidade e o perdão é dado antes que nos peçam por ele quando somos felizes por sofrer pela justiça.

"Felizes sereis quando vos ofenderem, perseguirem e disserem todo tipo de calúnia contra vós por minha causa. Ficai alegres e contentes, porque grande será a vossa recompensa no céu. Pois foi assim que perseguiram os profetas que vos precederam."[6] "Eles vos expulsarão das sinagogas e mais ainda, virá a hora quando quem vos matar julgará estar prestando culto a Deus."[7]

Quando somos felizes?

Somos felizes quando a vontade do Senhor se tornar a nossa vontade, pois começamos a conhecer o Senhor na vida cotidiana. Acaso imaginamos que Jesus seguiu feliz para a cruz, ou que partiu feliz do jardim depois de ver a inconsciência dos discípulos em face da gravidade daquele momento, em que Ele combatia consigo mesmo? Com toda a tristeza que essa experiência lhe trouxe, Ele estava feliz por saber que Ele mostraria ao mundo um modo de livrar-se do pecado. Nós nos preocupamos com as fraquezas daqueles a quem amamos? Qual era a atitude Dele em relação aos que amava? Ele só os abençoou, nunca criticou. Se seguirmos Seu exemplo, seremos felizes.

Haverá momentos de desânimo. Devemos esperar por eles; isso parece ser necessário para a nossa formação. É preciso que sejamos ofendidos, mas ai daqueles por meio dos quais vem a ofensa. Sejamos misericordiosos e pacientes com todas as pessoas; caso contrário, deixaremos passar as oportunidades.

A felicidade está na mente e no coração daqueles que, sem pensamento egoísta, buscam conhecer o caminho de Deus. Ela não pode ser comprada, não pode ser aprendida. Ela tem de ser conquistada. Ninguém pode tirá-la de

---

6. Mateus 5,11-12   7. João 16,2

nós; mas, por fazer mau uso dela, podemos perdê-la. Que a nossa prece diária seja:

> Pai Nosso, nosso Deus, deixa-me encontrar na minha consciência a felicidade do Teu amor, pelo amor que trago no meu peito pelo meu semelhante. Deixa que a minha vida, que minhas palavras e ações levem a alegria e a felicidade do Senhor em Jesus para cada pessoa que eu encontrar dia após dia.

262-106

O prazer não é felicidade

Quantas vezes confundimos prazer com felicidade! Vemos pessoas do mundo aparentemente gozando todo o prazer que o luxo pode proporcionar, mas muitas têm o rosto triste e o coração pesado.

O prazer pertence ao mundo; é algo exterior a nós. É passageiro, decepcionante e insatisfatório. Ele não nos dá recompensa, mas cobra um alto preço à medida que transpomos a ponte dos sonhos não realizados. Salomão declarou: "Realizei obras grandiosas, edifiquei casas, plantei vinhas, construí jardins e pomares, nos quais plantei toda sorte de árvores frutíferas... Depois, considerei todas as obras que minhas mãos haviam feito e o labor que todas elas me custaram: e... verifiquei que a sabedoria é superior à loucura, como a luz que sobrepuja as trevas."[8]

"Que adianta ao homem ganhar o mundo inteiro, se com isso perder a sua vida? Ou que poderá dar o homem em troca da sua vida?"[9]

Pensemos na diferença entre o prazer e a felicidade, pois eles são como o plano material e o espiritual. Por meio do prazer buscamos satisfazer nossos desejos físicos, mas quando deixamos de lado o eu ao apreciarmos o amor, a beleza e a esperança nas Forças Criativas, podemos de fato conhecer a felicidade.

O caminho ao Getsêmani, às mentes daqueles que olharam o seu próprio Getsêmani, foi um caminho de espinhos. No entanto, as palavras gentis do Senhor, faladas no caminho rumo ao seu Calvário, trouxeram felicidade para um mundo que estava à morte. "Eu vos deixo a paz, Eu vos dou a minha paz. Eu não vo-la dou como o mundo a dá. Não se perturbe nem desfaleça o vosso coração."[10]

A felicidade é encontrada no Amor Infinito e Divino. O Amor Infinito é o amor de Deus. O Amor Divino é aquele manifestado pelos que nas suas atividades são guiados pelo amor infinito. Eles são um com Ele. Eles trazem felicidade, não o mero prazer que se encontra nas coisas materiais.

---

8. Eclesiastes 2,4-13   9. Mateus 16,26   10. João 14,27

Temos de descobrir a felicidade no simples ato de semear. Algumas sementes cairão em solo pedregoso, por certo; algumas cairão ao lado do caminho, algumas entre os espinhos e urzes; mas muitas cairão em bom solo. Então temos de manter a fé, sabendo que Deus dará o resto.

Temos de nos mostrar dignos Dele, que nos guiará em nossas atividades diárias. Nossas maiores oportunidades de prestar serviço estão na gentileza, em falar com delicadeza e em sorrir com freqüência. Deixemos que o amor do Pai brilhe através das atividades da nossa vida cotidiana. Então, as nuvens da dúvida se dissiparão.

Se pusermos as coisas em seu devido lugar, com a avaliação adequada das forças materiais, mentais e espirituais, nossa vida será uma vida de harmonia, de felicidade e de alegria. Os outros ficarão conscientes do nosso relacionamento com Deus à medida que, pacientemente, semearmos as sementes do amor.

Conclusão

A verdade traz a liberdade e a liberdade traz a felicidade. "Conhecereis a verdade e a verdade vos libertará."[11] Na verdade, não comprometemos os outros, nem nos exaltamos.

O único pecado é o egoísmo. Todos os outros são apenas modificações da expressão do ego. O ego está tão perto do eu sou, do Grande Eu Sou, que a confusão de deveres, privilégios e oportunidades se entrelaça na nossa existência. Muitos de nós perderam de vista a avaliação adequada de suas atividades no relacionamento com os demais, sejam indivíduos ou grupos, nos torvelinhos da vida, e abdicaram do dever de ajudar os outros de modo a levá-los a superar a tristeza, o medo e a preocupação.

Se temos vida, precisamos dar vida; se temos amigos, devemos ser amigos. Na nossa atividade, aproximemo-nos daquilo que é bom e não pensemos apenas em lucros materiais; pensemos em como é importante o serviço prestado ao nosso semelhante, pois ao fazê-lo estamos servindo ao Criador. (Ver 257-182.)

---

11. João 8,32

Lição XII
ESPÍRITO

Afirmação

Pai, Deus, na Tua compaixão, no Teu amor, estejas conosco agora. Pois conhecemos e falamos do Teu amor. E ajuda-nos a deixar de lado, por enquanto, as preocupações desta vida; para que possamos saber em verdade que o Espírito e o Cordeiro dizem: "Vinde." Deixa que os que ouvem também digam: "Vinde." Deixa que todos os que quiserem, venham e bebam da água da vida.

262-113

XII
ESPÍRITO

[Baseado nas leituras de Edgar Cayce, de 262-113 a 262-124]

Introdução

O Espírito é a PRIMEIRA CAUSA, a essência da Energia da Criação, a fonte de luz e a influência motivadora de toda a vida. Ele é Deus.

Não vamos nos confundir com as palavras. Qual é a relação entre termos como: O espírito dos tempos, o espírito da época, o espírito da América, o espírito de 1876, o espírito do pioneirismo, o espírito do fascismo, o espírito da terra, o espírito dos que morreram, o espírito da igreja, o espírito da Verdade, o espírito de Cristo, o ESPÍRITO DE DEUS?

Aqui ensinamos que só existe Um Espírito. Todas as manifestações da vida, em qualquer plano de consciência, são cristalizações do Espírito.

Quando, por meio do exercício do livre-arbítrio, o homem opta por desviar sua energia para o engrandecimento pessoal em vez de usá-la segundo a expressão do seu impulso original, a glorificação do Criador, surge o pecado.

O espírito de pioneirismo não precisa significar crueldade e destruição, nem espírito de luta e ódio, mas seres espirituais presos na matéria buscando a liberdade como um ideal. Toda força é uma força. Foi o homem que "inventou" a diversidade de expressão e de percepção e, trilhando o Caminho, o homem tem de voltar à unidade. "Sai da minha frente, Satanás! ...porque os teus pensamentos não são os de Deus [O Espírito], mas dos homens."[1] Estas palavras foram ditas por Jesus quando Ele se viu diante de dois caminhos: autoglorificação ou a glória de Deus.

Temos de entender por que e como o Espírito se manifestou na matéria. De onde viemos nós?

...temos de saber de onde viemos, como, por que e para onde iremos — e por quê.

262-114

---

1. Mateus 16,23

No princípio

Deus criou o homem à Sua imagem, um ser espiritual dotado de alma, mente e vontade. Em todos os estados de consciência existem oportunidades para expressar tudo isso.

O erro surgiu antes que a Terra, os céus e o espaço fossem criados. Usando o livre-arbítrio, expressando desejos egoístas, seres espirituais (almas) se separaram da consciência de Unidade com a Vontade Criadora. A vida, em corpos materiais, é um reflexo dessa separação nesse estado de consciência.

Por meio da lei do amor, Deus preparou um caminho de volta (uma estrada, uma escadaria, uma corda cheia de nós) para toda a humanidade. Antes desse caminho ser preparado, não havia consciência de tempo ou de espaço. Esses conceitos são ajudas, e não obstáculos, para uma percepção mais clara da Vontade Divina; pois através do tempo, do espaço e da paciência o homem conhecerá o Caminho Iluminado.

Só os que buscam podem encontrar esse caminho. A carne e o sangue por si sós não nos revelarão a verdade. É o despertar do Espírito Divino interior que proporciona a revelação de cada um.

A projeção do homem

Os filhos de Deus se tornaram filhos dos homens na medida em que buscaram uma expressão egoísta no plano terreno. Eles se empurraram para dentro da matéria, perturbando os padrões de evolução que aconteciam na Terra; em primeiro lugar, como forças em busca de expressão através dos elementos naturais da vida mineral, vegetal e animal; depois, como forças endurecidas de pensamento moldadas segundo o padrão da vida animal na Terra. Nessas formas de pensamento os seres espirituais ficaram prisioneiros. Eles perderam a consciência de sua origem divina. Disso resultaram monstruosidades. Houve o caos. A escuridão que sobreveio está além da compreensão da mente finita. O plano terrestre era apenas um ponto tridimensional de expressão para o estado caótico existente.

A projeção de Deus

Desse atoleiro de pensamento egoísta, desse pântano de ilusão, Deus preparou um caminho por meio da lei do amor.

Ele disse: "Haja luz."[2] Haja a consciência do tempo e do espaço. A noite e a manhã foram o primeiro dia, um dia de luz e de trevas, de bem e de mal.

---

2. Gênese 1,3

Passo a passo, os seres espirituais se tornaram conscientes de que estavam distantes de Deus, distantes da Luz.

Jesus, como o primeiro Adão, tornou-se o símbolo dos seres espirituais regenerados retornando à Consciência de Deus. Ele veio mostrar o caminho da paciência pelo qual o homem (homem espiritual) deve reconhecer seu estado e voltar-se em direção à Luz. A lei do Um manifestou-se finalmente no homem Jesus e expressa a Consciência Crística. (Vejamos a diferença.)

Adão e Eva, projeção de Deus, começaram uma linhagem de descendentes físicos através dos quais os seres espirituais podiam purificar seus desejos e voltar à Consciência de Deus. Esta é a verdadeira fonte das lendas sobre uma raça escolhida, a raça pura, preservada pelos povos de todos os continentes.

Nos primeiros dias, os seres espirituais que usaram esses corpos Adâmicos foram tentados e muitos cederam a seus instintos. "...viram os filhos de Deus que as filhas dos homens eram boas para se casarem e tomaram para eles mulheres entre todas as que lhes agradaram".[3]

Através das eras, os filhos e filhas dos homens (as formas de pensamento endurecidas mescladas aos corpos animais) viveram lado a lado com os Filhos e Filhas de Deus (descendentes da raça Adâmica).

Por meio do exemplo dado pelo Cristo, o homem conhece o caminho. Diariamente, cada alma escolhe seguir a Luz ou buscar a satisfação egoísta. Agora, como no princípio, cada indivíduo encontra a si mesmo. Quando age sem pensar nos motivos ou propósitos, resultam experiências que podem trazer facilidade e conforto por algum tempo; mas quando ele se entrega ao egoísmo e maltrata seu semelhante, ele colherá aquilo que semeou.

Como fomos criados para fazer companhia ao Pai, sendo uma porção da Causa Primeira, é conveniente que manifestemos cada vez mais consciência dessa relação nos corpos mental, físico e espiritual. Temos de realizar o objetivo pelo qual viemos ao plano terreno, ou seja, estar outra vez com o Pai, o que se consegue através da Consciência de Cristo. Portanto, através do poder do Cristo, que percorreu o caminho desde o começo, chegaremos a conhecer nós mesmos como nós mesmos, embora sendo um com o todo e sendo parte do todo, sem ser o Todo. Este é o propósito, esta é a causa, de Ser.

Tempo, espaço e paciência

O Espírito de Deus na compreensão material é Tempo, Espaço e Paciência. Conquanto se trate unicamente de termos liberais para a consciência da mente finita, eles são arte da experiência da materialidade e devem ser con-

---

3. Gênese 6,2; ver Gênese 4,16-17

siderados como atributos da Força Criativa. Quando entendemos o tempo, entendemos Deus melhor. Nenhum outro conceito pode nos dar essa consciência de unidade como um lampejo interior da universalidade do tempo.

Todo dia é o princípio e o término de uma nova oportunidade. Toda oportunidade tem seu começo e seu fim, dando lugar para maiores manifestações físicas de ideais espirituais. Toda nova experiência é outro Jardim do Éden para o qual nos mudamos. Todo dia traz a consciência de que a noite e a manhã são o primeiro dia. Ficar no Éden ou ser expulsos dele é algo que depende de nós; depende de como usamos nosso poder de escolha. A cada momento estamos começando a viver. Nunca seremos velhos demais para começar se lembrarmos que, na nossa fraqueza, podemos ser fortes em Cristo.

Deus se reflete em nosso conceito de espaço. Na vastidão do espaço, nosso conceito de eu titubeia. Somos mais humildes quando observamos as estrelas. Nos aproximamos de Deus na contemplação da imensidão do universo.

A bondade e a compaixão de Deus aparecem mais na paciência. A paciência nos torna semelhantes a Deus, pois ela é uma força espiritual à qual pode ser dada expressão material por meio da nossa atitude junto ao próximo. Jesus disse que pela paciência possuiremos nossa alma. Nós perceberemos a continuidade da vida pela paciência. Enquanto ser finito, não existe qualidade mais divina que o homem possa expressar do que a paciência.

Tempo, espaço e paciência são três conceitos que contêm as chaves para o desenvolvimento espiritual neste plano tridimensional. Sem eles o homem caído não percebe que está longe de Deus. Eles são os abridores de olhos, a Voz de Deus falando na sarça ardente, "dia após dia proferindo palavras, noite após noite mostrando conhecimento". (Ver Salmos 29,2.)

Usando o tempo, o espaço e a paciência nós medimos tudo o que é físico, mental e espiritual, quando começamos a ter um lampejo do fato de que todo espaço existe no tempo, de que todo tempo é um, de que toda a força é uma, de que toda força é Deus, estaremos voltando à Unicidade da qual Cristo falava quando Ele disse que estaria no Pai e nós estaríamos Nele. Esta compreensão só nos chega através da paciência.

A barreira do eu

O egoísmo é a influência que bloqueia o retorno do homem à Consciência de Deus.

Temos de começar a construir dentro de nós aquela mente que estava no Cristo se quisermos conhecer a Deus. A escolha é nossa. Ele colocou diante de nós neste dia o bem e o mal. Ele "não quer que ninguém pereça",[4] mas

---

4. II Pedro 3,9

que todos conheçam a verdade; "conhecereis a verdade e a verdade vos libertará".⁵

Deus não é o Deus do Céu, o universo? Não será Ele o Deus da nação, do Estado, do lar? O que nos leva a descobrir falhas em nosso irmão, a provocar desarmonia no lar, no Estado, na nação? O que estamos fazendo em nossas conversas e ações diárias para mostrar que reconhecemos o Espírito Único? Deixamos que o egoísmo bloqueie o nosso caminho ou estamos sendo conduzidos pelo Espírito da Verdade?

O Espírito de Cristo não pode abrigar-se num coração egoísta. Quando buscamos a autoglorificação, afastamos Cristo de nossos lares, de nossas igrejas, do nosso Estado, enfim, da nossa própria consciência.

Essa foi a causa do primeiro afastamento de Deus. Foi o primeiro pecado.

Experiências

"Era véspera de Natal. O trabalho do dia estava concluído. Eu estava cansado, por isso deitei-me por um momento para refletir: eu não tinha muito dinheiro para gastar com as coisas que normalmente tornam feliz o Dia de Natal. Comecei a analisar o trabalho do dia. No serviço havia feito o melhor que podia para fazer os outros felizes. Havia tentado ser altruísta.

"Quando voltei a mim, compreendi que o meu corpo estava totalmente descansado, embora eu tivesse me deitado apenas por uns poucos momentos. Pensei: será possível que o verdadeiro descanso venha da compreensão de uma vida destituída do eu? Se for assim, eu havia feito uma demonstração do fato; não se tratou, por certo, de uma grande demonstração, mas para mim, de uma demonstração que era o resultado natural de ser altruísta durante um dia."⁶

"Durante a primeira parte de um discurso espiritual, que deu uma maravilhosa explicação das condições do mundo, eu estava acompanhando atentamente as perguntas que estavam sendo feitas. Então, pareceu que eu estava lá em cima, em algum lugar (inconsciente de ser uma pessoa — apenas uma 'consciência'). Eu olhava para baixo, para um rio belo e largo, feito de bolhas que fluíam. Parecia tão suave e quase musical — as bolhas rolavam, circulando em volta e por cima umas das outras. Compreendi que as bolhas eram PESSOAS! Elas, as bolhas, finalmente chegaram a um lugar onde explodiram e todas pareciam ser uma só. Pensei: 'Este é o Rio da Vida!' Nós também, no fim, nos fundiremos no Todo; pois somos um."⁷

Conclusão

Estamos constantemente deparando com a medida com que medimos os outros, bem como a nós mesmos. O que o homem semear, isso ele terá de

---

5. João 8,32   6. E.P.   7. E.P.

colher. Se desobedecemos às leis da higiene ou às leis da natureza, não enfrentamos os resultados em nós mesmos? Da mesma forma acontece com o nosso ambiente ou associação espiritual e mental. A quem imputaremos essas influências que são uma parte tão interna de nossas capacidades e faculdades mentais, senão mesmo uma escolha pessoal?

É preciso saber em quem acreditamos e quem é o autor de nossos desejos. Nossos desejos serão criativos ou destrutivos? "Pai, que Teus desejos sejam os meus desejos. Deus, que os meus desejos sejam os Teus desejos, em espírito e verdade." (262-60.) Que seja esta a nossa oração. Assim encontraremos cada vez mais misericórdia, graça, paz e harmonia, como sua parte cada vez maior da nossa vida. Nós amamos os outros não apenas porque eles nos amam, mas porque esse amor traz harmonia e esperança à nossa própria existência, à medida que reconhecemos Deus no nosso irmão.

A religião, o amor pelo próximo e o amor pelo Criador devem ser experiências vivas, não uma mera forma. A verdade, bem como a misericórdia e a graça, CRESCEM através do uso. À medida que manifestamos os frutos do espírito ao lidar com nossos semelhantes, cumprimos aquele propósito pelo qual fomos chamados. Desenvolvemos o amor que temos pelo Criador pelo modo como lidamos com o nosso irmão. O amor de Deus se manifestou repetidas vezes na Terra mostrando ao homem que só pelo amor, e não pelo ódio e pela força, uma alma pode ter consciência de sua realidade espiritual.

Se quisermos ser infelizes, pensemos unicamente em nós mesmos. Se quisermos conhecer a felicidade, sejamos amigos de alguém. Se quisermos conhecer o amor de Deus, mostremos amor àqueles que buscam e àqueles que condenam. Sejamos felizes no Senhor, sabendo que Ele está sempre presente quando buscamos a Sua face. Ele está sempre conosco quando queremos ser seus emissários para mostrar aos outros o que significa andar e falar com ele.

Quando anulamos a nós mesmos e buscamos somente ser guiados pelo Seu Espírito, só então podemos cumprir o nosso papel no esquema da redenção. Analisemos os nossos desejos, os nossos propósitos, tirando da nossa mente, do nosso coração e da nossa experiência aquelas coisas que nos causam medo; e saibamos que o verdadeiro espírito da influência criativa está DENTRO DE NÓS.

Aquilo que tem um começo também tem de ter um fim. Por isso, a rebeldia, o egoísmo e o ódio têm de ser eliminados, e com eles também a tristeza, as lágrimas e a infelicidade. SÓ DEUS é eterno. O Espírito de Deus é que se moveu sobre a face da Terra a encarregar a si mesmo de cuidar dos seus. Somos nós propriedade Dele?

Ele assumiu o compromisso de guardar o Seu rebanho, comprometeu-se a cuidar de Seus cordeiros, até o dia em que voltará para pedir contas a cada um de nós.

Onde, ó Onde estaremos nós? (Ver 262-114.)

PROGRAMA DE ESTUDOS EM GRUPO DA ASSOCIAÇÃO PARA A PESQUISA E ILUMINAÇÃO (A.R.E.)

Os livros *À Procura de Deus* foram escritos pelos membros do Grupo Um original. No entanto, as pessoas que não fizeram parte de um Grupo de Estudos A.R.E. poderão achar este livro útil para o desenvolvimento pessoal da consciência; a informação contida nestes dois pequenos volumes de *À Procura de Deus* oferece uma seqüência única de lições sobre o crescimento em etapas, e os livros serão utilizados da melhor forma num clima de estudo em grupo.

Os quatro instrumentos básicos dos Grupos A.R.E. são:
1. Estudo do material *À Procura de Deus*, editado pela Fonte Cayce.
2. Meditação em grupo (e meditação individual todos os dias à mesma hora).
3. Oração diária em favor de cada um dos membros do Grupo.
4. Aplicações grupais das "disciplinas" — projetos semanais para usar o material estudado.

Há 1.500 desses encontros de grupos em cada Estado, em muitas cidades canadenses e países do exterior por todo o mundo. Se você quiser saber mais sobre o excitante processo de Grupo que pode mudar a sua vida, escreva para
    A.R.E. Study Group Department
    P.O. Box 595
    Virginia Beach, VA 23451
e ficaremos felizes de enviar-lhe os nomes de um Grupo *À Procura de Deus* A.R.E. na sua área.

BIBLIOGRAFIA DE MATERIAL PARALELO RECOMENDADO

(Disponível diretamente de A.R.E. Press, P.O. Box 595, Virginia Beach, VA 23451: escreva pedindo catálogos.)

À Procura de Deus, Livro I
À Procura de Deus, Livro II
The Handbook for A.R.E. Study Groups
Edgar Cayce and Group Dynamics
Experiments in a Search for God; The Edgar Cayce Path of Application
Experiments in Practical Spirituality
There is a River (biografia da vida de Edgar Cayce).

A transcrição das leituras originais (de onde foram extraídos os livros À Procura de Deus) dadas ao primeiro Grupo de Estudo e Oração também estão disponíveis como textos de consulta:

Library Series, Volume 2, Meditation, Part I
(Prayer Group Readings)
Library Series, Volume 7, Study Group Readings
(do qual foi compilado o texto de À Procura de Deus).

DESPERTANDO SEUS PODERES PSÍQUICOS
Henry Reed

> *"Existe um momento na terra em que as pessoas, em todos os lugares, procuram saber mais a respeito da mente e da alma."*
>
> Edgar Cayce

- O que significa ter poderes psíquicos ativos?
- Qual a origem desses poderes?
- Existem maneiras seguras e efetivas de desenvolver essas capacidades?
- O que sentimos quando percebemos que somos dotados desses poderes?
- Quais são os usos positivos e práticos de nossos poderes psíquicos?

Neste livro prático e singular, o leitor encontrará respostas para essas perguntas e muito mais. Seu autor extrai do trabalho de Edgar Cayce — um homem que encarou de frente os desafios que se apresentam aos que são dotados de poderes psíquicos incomuns — toda uma riqueza e experiência a serem compartilhadas entre todos que querem conhecer melhor suas capacidades interiores latentes.

Em *Despertando seus Poderes Psíquicos,* Henry Reed — autor conhecido por suas pesquisas sobre sonhos — analisa o trabalho de Cayce e o relaciona com o de grandes pensadores, incluindo Carl Jung, Lawrence Leshan e Rupert Sheldrake, para nos ajudar a compreender a origem e o propósito de nossos poderes psíquicos, a reconhecer nossas capacidades inatas e a desenvolver esses poderes transformando-os em energias inteligentes capazes de modificar a nossa vida.

EDITORA PENSAMENTO

O CRESCIMENTO ATRAVÉS DA CRISE PESSOAL
Harmon Hartzell Bro e *June Avis Bro*

Este livro inspirador, que se baseia na filosofia, ensinamentos e visões de Edgar Cayce, é um guia que nos ajuda a transformar as épocas de crise, de conflito e de perturbação emocional em oportunidades de crescimento espiritual. Apresentando um programa prático para pessoas que desejam fazer das pedras de tropeço degraus de desenvolvimento, os autores oferecem a garantia de que cada uma das atribulações da vida pode vir a ser uma época de crescimento duradouro.

O Crescimento Através da Crise Pessoal nos mostra como viver excitantes aventuras a partir dos inevitáveis problemas que a vida nos traz. Com ele, os problemas humanos assumem uma nova dimensão, transformando-se em oportunidades divinas para que cresçamos e nos elevemos aos níveis de desenvolvimento material e espiritual que Deus espera de nós.

Para este livro, os autores, Harmon e June Bro, são excepcionalmente bem qualificados. Em primeiro lugar, ambos conheceram Edgar Cayce e trabalharam com ele os últimos anos de sua vida, tendo alcançado, por conseguinte, uma profunda compreensão de sua abordagem e de sua filosofia. Sua longa carreira de ministros, de conselheiros e de conferencistas dedicados a temas relacionados com o desenvolvimento espiritual não se interrompeu desde então.

* * *

COLEÇÃO "EDGAR CAYCE"
SONHOS – Respostas Desta Noite para as Dúvidas de Amanhã
Mark Thurston
O CRESCIMENTO ATRAVÉS DA CRISE PESSOAL
Harmon Hartzell Bro e *June Avis Bro*
REENCARNAÇÃO – Reivindicando o seu Passado, Criando o seu Futuro
Lynn Elwell Sparrow
DESPERTANDO SEUS PODERES PSÍQUICOS
Henry Reed

Editora PENSAMENTO

SONHOS:
Respostas desta Noite para as Dúvidas de Amanhã
Mark Thurston

Publicado em conjunto com a Association for Research and Enlightenment, Inc., que tem orientado e encorajado a pesquisa sobre os textos deixados por Edgar Cayce, desde 1931, este volume faz parte de uma série que investiga a filosofia, os ensinamentos, as visões e os métodos de Edgar Cayce.

Neste livro, Mark Thurston vai além da simples interpretação de sonhos, penetrando num plano em que eles são considerados uma fonte incomparável de ajuda na preservação da saúde, no aumento da sensibilidade, na superação de obstáculos ao crescimento pessoal e espiritual e na preparação para acontecimentos futuros. Este guia fascinante oferece conselhos relativos aos muitos tipos de sonhos que ocorrem e ensina como aperfeiçoar a capacidade de recordar os sonhos.

Em *Sonhos: Respostas desta Noite para as Dúvidas de Amanhã*, Thurston nos apresenta inúmeros exemplos de sonhos e de interpretações possíveis, além de exercícios que promovem uma melhor compreensão das experiências oníricas. Há ainda um Dicionário de Símbolos Oníricos de Edgar Cayce.

Assim, com base nas pesquisas feitas na obra desse que é um dos maiores sensitivos de todos os tempos, e em outras fontes, este livro serve de estímulo para que o leitor estabeleça uma base a partir da qual possa interpretar o significado de seus próprios sonhos.

Mark Thurston, Ph.D., tem formação acadêmica em psicologia e escreveu livros sobre meditação, profecia e espiritualidade prática.

COLEÇÃO "EDGAR CAYCE"

SONHOS - Respostas desta Noite para as Dúvidas de Amanhã - *Mark Thurston*
O CRESCIMENTO ATRAVÉS DA CRISE PESSOAL - *Harmon Hartzell Bro e June Avis Bro*
REENCARNAÇÃO - Reivindicando o seu Passado, Criando o seu Futuro - *Lynn Elwell Sparrow*
DESPERTANDO SEUS PODERES PSÍQUICOS - *Henry Reed*

EDITORA PENSAMENTO

REENCARNAÇÃO
Reivindicando o seu Passado, Criando o seu Futuro

Lynn Elwell Sparrow

Publicado em colaboração com a "Association for Research and Enlightenment, Inc.", que tem realizado e incentivado pesquisas sobre os escritos de Cayce desde 1931, este livro faz parte de uma série de volumes, explorando a filosofia, os ensinamentos, as visões e os métodos de Edgar Cayce — um dos mais importantes médiuns de todo o mundo.

Outrora apenas associada com religiões orientais, a reencarnação, uma das mais antigas filosofias da humanidade, está agora tendo uma aceitação muito difundida no mundo ocidental. Recentes pesquisas de opinião indicam que cerca de 50 milhões de americanos passaram a aceitar o conceito da reencarnação.

Aproveitando seu extenso conhecimento da obra de Edgar Cayce, Lynn Elwell Sparrow oferece aqui surpreendentes conhecimentos sobre a dimensão da alma, sobre a finalidade de cada período de vida e sobre o relacionamento entre almas individuais, além de propor métodos que os leitores podem usar para reconstituir e explorar suas próprias vidas passadas.

A autora oferece conselhos especiais sobre o carma e a graça como instrumentos para sanar memórias desafiantes e criar um futuro melhor, e inclui um exame da interação dessas leis universais. Ela separa a reencarnação do mundo da filosofia e da teologia e coloca-a no lugar que lhe cabe — no âmbito do crescimento pessoal e espiritual.

COLEÇÃO "EDGAR CAYCE"

SONHOS – Respostas desta Noite para as Dúvidas de Amanhã – *Mark Thurston*
O CRESCIMENTO ATRAVÉS DA CRISE PESSOAL –
Harmon Hartzell Bro e *June Avis Bro*
REENCARNAÇÃO – Reivindicando o seu Passado, Criando o seu Futuro –
Lynn Elwell Sparrow
DESPERTANDO SEUS PODERES PSÍQUICOS – *Henry Reed*

EDITORA PENSAMENTO